野菜がごちそうになる ビタミンごはん。

土門大幸

JN266919

三笠書房

はじめに

「大地の恵み」をまるごといただく
――〝ローフード〟の幸せの秘密

〝ローフード〟――この言葉を聞き慣れない人もいらっしゃるのではないでしょうか。
オーガニックのこと？　スローフードのこと？　ベジタリアンのこと？
どれも正しくて、どれも少し違います。
ローフードとは、「大地の恵みをそのまま、まるごと食べる」こと。
「食べる」こと本来の楽しさ、食材そのものの味、体がおいしい！　と喜ぶ感覚……
それらすべてを味わえる方法なのです。

特徴として、野菜をたっぷり使うこと。
その素材本来の力を活かすため、高温で調理しない（焼く、炒める、揚げるなど）

ことがあげられます。

「体が喜ぶ食材を使って、おいしくて、安心できるものを食べる」

これこそが、食事の〝原点〟であり、幸せへの近道。そんなローフードの考え方、方法から本書が生まれました。


とはいっても、ローフードは決して難しいものではありません。

私自身の原点は「おいしいものを食べることが大好き」ということ。同じくらい「誰かに食べてもらって、喜んでもらうこと」も大好きです。

私が札幌で開いているカフェには、毎日たくさんのお客様がいらして、そしてより素敵な笑顔になって帰っていかれます。


「久しぶりに、ほっとする食事ができました」

「体の疲れがとれて、心まで癒されました」

「子供にも安心して食べさせられるので、ありがたい」

そんなふうに言っていただけることが何よりうれしくて、レシピを考えたり、さまざまな素材を使ってみたり、味つけを変えてみたり、調味料を工夫したり……一人の「おいしいもの愛好家」として、探求の日々をくり返しています。

そんなローフードに、そして日々の食卓に欠かせないのが「毎日表情が変わる野菜たち」です。

土からこだわり、人の手で丹精に育てられた野菜。それをまるごと、そのまま食べたときの満足感は何にも変えられません。採れたてのトマト、きゅうり、土のついたままのじゃがいも……。

同じ野菜でも、毎日その表情は変わります。採れた時期によって、味もまったく違います。そんな野菜と日々向き合い、どうすれば食べる人に喜んでもらえるか、見た目も楽しく、味もおいしく、食べて満足できるひと皿ができるか。

私の十年間の試行錯誤の日々をこの一冊に詰め込みました。

野菜を食べるということは、四季のうつろいを感じることでもあります。また、天候によって味や形が変わる野菜を見ていると、自然の中で生きているということ、その恵みを強く実感します。
だからこそおいしい野菜に出会えたときは感謝の気持ちでいっぱいになります。

そんな一つひとつの変化を感じとって生きることが、何より心を豊かにして毎日の生活を幸せにしてくれると思います。

本書に出てくるレシピは、火を通さない野菜を中心にしたものがほとんどですが、中には加熱をしたり肉や魚を使ったものもあります。ローフードのシェフである一方で、子供を育てる親として、強く丈夫に育ってほしい……そんな願いから生まれたレシピです。

その日の体の声に耳を傾けながら、その時々で必要なものを取り入れてください。新鮮な野菜で体の中から気持ちよくなりたいときにはぜひ、サラダやスムージーを選びましょう。

この本では、切って和えるだけの野菜料理から、ひと手間かけて楽しみたい本格ローフードのレシピまで、80種類以上のレシピを厳選しました。

やってみたい！　これならできそう！　と思うものから、ぜひ試してみてください。

あなたの食卓に欠かせない「味」になったら、そして、食べるたびに体が喜ぶ幸せを味わっていただけたら、これ以上うれしいことはありません。

みなさまの幸せと健康を願って――。

CONTENTS

CHAPTER 3

かんたん便利な 野菜の常備菜

CHAPTER 4
ことこと煮込んだ野菜を食べるスープ

CHAPTER 5
もう一品の漬けもの・ピクルス

CHAPTER 6

料理の幅がぐんと広がる ディップ・ソース・ドレッシング

CHAPTER 7

卵・牛乳・砂糖を使わない ローフードのデザート

本書の使い方

ローフードとは

ローフードとは、酵素が生きている食べ物のことで、非加熱、もしくは加熱する場合は48℃以下で調理された食べ物のこと。食べ物に含まれる酵素は、それ以上で加熱すると壊れてしまうためです。

酵素は、消化、吸収、代謝、排泄の働きに欠かせません。酵素たっぷりのローフードは、美肌効果、ダイエット効果、健康効果はもちろん、私たちをいつでもエネルギーいっぱいの前向きな明るい気持ちにしてくれます。

ご自分のできる範囲で「気持ちいい!」と感じることを大切に、試してみてください。

料理用語について

【適量・適宜】

「適量」は、ちょうどよい量を必ず入れること。「適宜」は、お好みで入れても入れなくてもOKということ。入れたほうがよりおいしくなると感じれば、入れてください。

【少々・ひとつまみ】

「ひとつまみ」は、親指・人差し指・中指の3本でつまむ量。「少々」は、親指・人差し指の2本でつまむ量のことです。

【味を調える】

「味を調える」とは、味をみながら仕上げに塩やこしょうなどで、ほどよい塩加減、おいしいと感じる味に仕上げることを指します。

【撹拌する】

ローフードでは、スムージーやディップ、ローデザートを作るとき、ミキサーやフードプロセッサーを使います。「撹拌する」とは、ミキサーやフードプロセッサーを回してミキシングすることを指します。

計量について

計量器具は、１カップ＝２００ｃｃ、１合＝１８０ｃｃ、大さじ１＝１５ｃｃ、小さじ１＝５ｃｃ です。すべてすりきりの分量です。

保存期間について

常備菜やドレッシング、ディップなどの「保存可能な期間」はあくまで目安です。使う材料や作った環境、保存状態によって、保存期間は異なります。必ずご自身で確かめてから、召し上がってください。少しでも変だと感じたら、もったいないと考えずに廃棄しましょう。

調味料について

本書では、ローフードならではの食材や調味料（ローココナッツオイル、ローカカオニブなど）を使っているレシピもあります。しかし、必ずこれを使わなくてはできないというものではないので、まずは手に入りやすい食材や調味料で作ってみてください。ローフードならではの食材などの入手方法は、巻末の２０８ページでご紹介します。

CHAPTER 1

太陽のエネルギー！飲むビタミン
スムージー

RAW FOOD RECIPES

野菜・果物のビタミンをまるごと！　酵素もたっぷりで体の中からスッキリ気持ちよくなります。季節の味を、ぜひお楽しみください。

ほうれん草の
グリーンスムージー
ノニ&グレープスムージー
みかんスムージー

ブルーベリースムージー

パイナップルスムージー

Raw ストロベリースムージー

色鮮やかな美肌になれるスムージー

材料（2人分）

ストロベリー…300g
バナナ…200g（2本程度）
水…200ml

作り方

1 ストロベリーはよく洗いへたを取る。
2 バナナは皮をむき、適当な大きさにちぎる。
3 1、2、水をミキサーに入れ、滑らかになるまで撹拌する。

Raw のマークは、“ローフードレシピ”の印です。

Raw ブルーベリースムージー

日の奥が重たいと思うときはぜひこのスムージーを

材料（2人分）

ブルーベリー…140g
バナナ…200g（2本程度）
水…200ml

作り方

1 ブルーベリーは軽く洗う。
2 バナナは皮をむき、適当な大きさにちぎる。
3 1、2、水をミキサーに入れ、滑らかになるまで撹拌する。

Raw スイカスムージー

暑い日が続くと飲みたくなる夏の定番スムージー!

材料（2人分）

スイカ…600g
塩…ひとつまみ

作り方

1 スイカの実を適当な大きさに切り、種を取り除く。
2 1と塩をミキサーに入れ、滑らかになるまで撹拌する。

Raw グレープフルーツスムージー

酸味が少なく、さわやかな甘みのある「ルビー」がおすすめ

材料（2人分）

グレープフルーツ（ルビー）
…400g（大2個）
水…200ml
はちみつ…適宜

作り方

1 グレープフルーツは外皮をむき、小房に分ける。
2 1と水、お好みではちみつをミキサーに入れ、滑らかになるまで撹拌する。

Raw みかんスムージー

みかんの果肉と果汁100%! 冬の楽しみのひとつです

材料(2人分)

みかん…400g
(中4個程度)

作り方

1 みかんは外皮をむき、小房に分ける。
2 1をミキサーに入れ、滑らかになるまで撹拌する。

Raw パイナップルスムージー

パイナップルの酸味がほどよく効いてトロピカルな味わいに

材料（2人分）

パイナップル…400g
水…200ml

作り方

1 パイナップルは外皮をむき、芯を取り除いて、適当な大きさに切る。
2 1と水をミキサーに入れ、滑らかになるまで撹拌する。

blendtec
WILDSIDE
1000
700
600
500
400
300
200
100

Raw ミックスベリースムージー

ベリー好きにはたまらない贅沢なスムージー

材料（2人分）

ブルーベリー…100g
ラズベリー…50g
ストロベリー…50g
バナナ…200g（2本程度）
水…200ml

作り方

1 ブルーベリーとラズベリーは軽く洗っておく。
2 ストロベリーはよく洗い、へたを取る。
3 バナナは皮をむき、適当な大きさにちぎる。
4 1、2、3、水をミキサーに入れ、滑らかになるまで撹拌する。

Raw ノニ＆グレープスムージー

奇跡のフルーツといわれる「ノニ」。クセになる味わいです

材料（2人分）

ノニジュース（タヒチアンノニジュースなど）…300ml
種なしぶどう…200g

作り方

1 ぶどうは枝からはずし、よく洗っておく。
2 1とノニジュースをミキサーに入れ、滑らかになるまで撹拌する。

Raw アサイースムージー

「アサイー」の力で、体の中から元気になれる!

材料(2人分)

アサイーペースト…200g
バナナ…200g(2本程度)
水…200ml

作り方

1 バナナは皮をむき、適当な大きさにちぎる。
2 1、アサイーペースト、水をミキサーに入れ、滑らかになるまで撹拌する。

Raw キウイスムージー

キウイは「皮ごと」！　果肉の酸味と皮の甘みが絶妙です

材料（2人分）

キウイフルーツ…4個
はちみつ…適宜

作り方

1 キウイフルーツをよく洗い、皮をむかずに適当な大きさに切る。
2 1とお好みではちみつをミキサーに入れ、滑らかになるまで撹拌する。

Raw 小松菜のグリーンスムージー

子供のおやつにも。飲みやすい定番のグリーンスムージー

材料（2人分）

小松菜…6枚（葉の部分）
バナナ…200g（2本程度）
水…400ml

作り方

1 小松菜はよく洗い、適当な長さに切る。
2 バナナは皮をむき、適当な大きさにちぎる。
3 1、2、水をミキサーに入れ、滑らかになるまで撹拌する。

Raw ほうれん草のグリーンスムージー

小松菜よりもやや濃厚。味の違いを楽しんでください!

材料(2人分)

ほうれん草…6枚(葉の部分)
バナナ…200g(2本程度)
水…400ml

作り方

1 ほうれん草はよく洗い、適当な長さに切る。
2 バナナは皮をむき、適当な大きさにちぎる。
3 1、2、水をミキサーに入れ、滑らかになるまで撹拌する。

Raw にんじんとりんごのスムージー

色鮮やかで酸味が爽やか。レモン汁がポイント!

材料（2人分）

にんじん…200g（中1本）
りんご…200g（中1個）
レモン汁…大さじ1
水…100ml

作り方

1 にんじんはよく洗い、適当な大きさに切る。
2 りんごをよく洗い、芯を取り除き適当な大きさに切る。
3 1、2、レモン汁、水をミキサーに入れ、滑らかになるまで撹拌する。

Column

アメリカからやってきた「スムージー」の実力

今女性に大人気の「スムージー」。スムージーとは、ミキサーを使用して、野菜や果物をまるごとミキシングした飲み物のこと。ジューサーで食物繊維を取り除いて果汁だけを絞るジュースとは違い、スムージーには私たちの健康に欠かせない食物繊維がたっぷりと含まれていて、たった一杯で日頃の野菜不足が解消できます。ほかにも、酵素、ビタミン・ミネラル・フィトケミカルなどの栄養を効率よく摂取でき、体のサビつきを防いだり、肌が若々しくなるうれしい効果も。

何より、朝起きて一番最初にスムージーを口にすると、体が気持ちよく目覚めていくのがわかります。同じ果物、野菜を使っていても季節によって味が変わったり、分量によってガラリと別の飲み物になるのも面白いところです。

紹介したレシピをベースに、自分好みのベストな組み合わせを見つけて、スムージーを楽しんでください。

CHAPTER 2

おかずにもなる
たっぷりサラダ

野菜の新しくておいしい食べ方いろいろ！　定番サラダ、作りおきサラダ、北海道ならではのサラダ……おもてなしにもおつまみにも使えて、料理の幅がぐーんと広がります。

肉・魚で

おもてなしのローストビーフ

おもてなしのローストビーフ

　ローフードシェフになる前のことです。アメリカに出かけたときに食べて感動したのが、かたまり肉の中の部分が赤いローストビーフ。シェフが目の前で切り分けてくれるスタイルも、当時はかなり新鮮でした。

　酵素が活きた状態のビーフはお肉の理想の食べ方のひとつだといえます。あの味が忘れられず、本場の味に近づけようと完成したレシピがこれです。

　手順さえ覚えてしまえば誰にでも簡単に作れて、おもてなしにも使えます。ガーリックレモン醤油ドレッシングで、日本人の舌に合うようにアレンジしました。

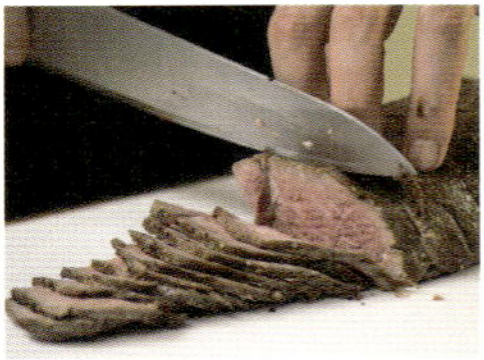

材料（2～3人分）

牛かたまり肉…約300g
塩…適量
黒こしょう（粗挽き）…適量
オリーブオイル…大さじ1
サニーレタス…3～4枚
ベビーリーフ…適量
ガーリックレモン醤油ドレッシング（P183参照）…適量

作り方

1 牛かたまり肉に塩と黒こしょうをもみこむ。
2 オリーブオイルをフライパンに入れ熱して、肉のかたまりのすべての面を均等に焼く。ひとつの面を約2分弱程度焼く。
3 120℃のオーブンに入れて20分ほど焼き、そのまま冷ます。
4 3を冷蔵庫で冷やし、5mmくらいの厚さに切る。
5 サニーレタスを食べやすい大きさにちぎって、器に盛りつける。その上にベビーリーフを盛りつける。
6 4のローストビーフを盛りつけ、ガーリックレモン醤油ドレッシングをかけていただく。

memo

ローストビーフは、高価な霜降り和牛より、オージーなど赤身の肉のほうがおいしくできます。

シャキシャキ玉ねぎのビーフ炒め

北海道で「焼き肉」といえば、たいていの場合、ラム肉を玉ねぎやもやしなどの野菜と一緒に焼いて食べるジンギスカンのこと。私はシャキシャキ感が残る程度に加熱した玉ねぎの食感がとても好きで、ローフードを知る前はジンギスカンを時々楽しんでいました。玉ねぎと相性がよく、ラム肉より手に入りやすい牛肉を組み合わせたのがこの料理。玉ねぎが牛肉のうま味を受け取って、軽く炒めるだけで甘くなり、牛肉に負けない存在感を発揮します。メインの一品にもなるちょっと豪華なメニューです。

材料（2人分）

切り落とし牛肉…150g
玉ねぎ…½個
オリーブオイル…大さじ1
オニオンドレッシング（P181参照）…大さじ3
パセリ（みじん切り）…適量

作り方

1. 牛肉を食べやすい大きさに切り、玉ねぎは薄切りにする。
2. フライパンにオリーブオイルを入れて熱し、牛肉を入れて炒める。
3. 2にオニオンドレッシングを入れて炒め、最後に玉ねぎを加えて、玉ねぎの芯が少し残る程度に炒める。
4. 器に盛りつけ、パセリをトッピングする。

memo
玉ねぎの加熱は最小限に！新玉ねぎを使うとてもおいしくできます。

菜の花と鶏ささみのサラダ

冬が長い北海道ですが、2月の下旬から3月になると市場には春の訪れを感じさせてくれる野菜が並び始めます。そのひとつが菜の花。私がよく行く市場の店主は、野菜のおいしい食べ方を熟知していて、これまでいろいろな野菜について教わってきました。菜の花といえば、からし和えなどが王道だと思いますが、「鶏肉などのたんぱく質とドレッシングを組み合わせると、また新しい味になるよ」と言われて作ってみたら絶品。菜の花のほろ苦さがよく引き立つ一品です。

材料（2〜3人分）

菜の花…1束
鶏ささみ…2本
オリーブオイル…大さじ1
酢、醤油…各小さじ1
塩…少々

作り方

1 筋を取った鶏ささみを熱湯でゆで、熱いうちに身をさいておく。
2 菜の花は塩（分量外）を加えた熱湯でさっとゆで、水にとって冷まし、水気を絞って長さ3cmに切る。
3 オリーブオイルと塩、酢をボウルに入れてよく混ぜ、1と2を加えて和える。
4 最後に醤油をまわしかけ、サッと混ぜて器に盛る。

鶏肉と半熟卵のシーザーサラダ

私がローフードシェフになる前の会社に勤めていた頃はアメリカ出張がとても多く、そこで大きな影響を受けてきました。出張先の会社のクリスマスパーティーで出てきたダイナミックなシーザーサラダを初めて食べたとき、日本で食べる上品なサラダとはひと味違うそのおいしさに驚きました。シーザーサラダには濃厚なドレッシングや粉チーズ、油で揚げたクルトンなどが定番ですが、味はそのままに、よりヘルシーにアレンジしたのがこのサラダです。

材料(2人分)

鶏むね肉…200g
リーフレタス…3枚程度
玉ねぎ…¼個
パプリカ(赤)…¼個
半熟卵…1個
カシューナッツのシーザードレッシング(P181参照)…適量

作り方

1 鶏肉は1cm幅に切り、お湯でさっとゆでる。粗熱がとれたら冷蔵庫で冷やす。
2 リーフレタスは食べやすい大きさにちぎり、玉ねぎ、パプリカは薄切りにする。
3 2を混ぜ合わせて器に盛りつけ、半熟卵を半分に切って盛りつける。
4 1の鶏肉を3にトッピングし、最後にカシューナッツのシーザードレッシングをかけて完成。

memo
半熟卵は、沸騰してから約7分を目安にゆでると、黄身がとろりとした状態に。

豚肉とアボカドのカフェサラダ

ハワイに行ったとき、信じられないほど大きなアボカドを食べたことがあります。濃厚でとろっと甘く、まさに“果物”。近頃では、日本でもスーパーフードとして注目を集めるようになったアボカドは、スーパーでも簡単に手に入るようになりました。栄養価が高く美容にも効果的です。アボカドと相性のいい食材のひとつである豚肉を組み合わせた、特に女性に大好評のサラダです。

材料（2～3人分）

豚肉（しゃぶしゃぶ用）…200g
アボカド…½個
クレソン、ベビーリーフ…各適量
ドレッシング
A
オリーブオイル…大さじ1
醤油…小さじ2
みりん、ワインビネガー…各小さじ1
ホースラディッシュ…小さじ1
塩…ひとつまみ
黒こしょう…少々

作り方

1 豚肉をお湯にさっとくぐらせて火を通し、冷ます。
2 アボカドは皮をむき食べやすい大きさに切って、レモン汁（分量外）をかけておく。
3 Aの材料をボウルに入れてよく混ぜ、1、2を加えて軽く和える。
4 器にベビーリーフをしき、3を盛りつける。クレソンをトッピングする。

memo
豚肉の代わりに、鶏肉を使ってもOK。ドレッシングの代わりにワサビ醤油でもおいしくいただけます。

アボカドとエビの マヨネーズ和え

アボカドの生ハム巻き

アボカドの生ハム巻き&
アボカドとエビのマヨネーズ和え

私の弟は、生まれ故郷である北海道の伊達市で、イタリア料理のシェフをしています。その弟がよく使う食材が本場イタリア産の生ハム。弟の影響で、私も同じ生ハムを使うようになりました。

アボカドとスプラウトをその生ハムで巻いたシンプルなローフードメニューが、アボカドの生ハム巻きです。生ハムの塩気とアボカドの甘みがまさに絶妙。もう一品のアボカドとエビのマヨネーズ和えは、エビが大好物の妻を喜ばせたいと作った料理です。生カシューナッツを加えることで、歯触りにアクセントを加えました。どちらも簡単にできて見た目もきれい。来客時の前菜としてよく作ります。

Raw アボカドの生ハム巻き

材料（10個分）

生ハム…10枚
アボカド（大）…1個
アルファルファスプラウト…適量
レモン汁、オリーブオイル…各大さじ1
黒こしょう（粗挽き）…少々

作り方

1 アボカドは、種を取り除いて皮から外し、縦長に切ってから10等分する。レモン汁をふりかける。
2 生ハムにアボカド、アルファルファスプラウトをのせ、巻いていく。
3 2を器に盛りつけ、オリーブオイル、黒こしょうをふりかける。

アボカドとエビのマヨネーズ和え

材料（2〜4人分）

アボカド…1個
ボイルエビ（サラダ用等）…8〜10尾
A マヨネーズ…大さじ3
　プレーンヨーグルト、ケチャップ…各大さじ1
　レモン汁…小さじ2
生カシューナッツ…20g

作り方

1 生カシューナッツをみじん切りにする。
2 1とAをボウルでよく混ぜ合わせる。
3 サイコロ状に切ったアボカドとボイルエビを、2で和える。

Raw サーモンのカルパッチョサラダ

サーモンといえば北海道を代表する魚。漁獲量も全国一、二位を争います。よくあるサラダとはひと味違ったものにしようと試行錯誤しながら作ったのがこのメニューです。手作りのバジルドレッシングと粒こしょうの相性が抜群で、サーモンの味を堪能できること間違いなし。10分とかからずに作ることができて、ワインに合うおつまみにもなります。

材料（2人分）

スモークサーモン…80g
玉ねぎ…½個
ベビーリーフ…適量
粒こしょう、ディル、イタリアンパセリなど…各適量
バジルドレッシング（P180参照）…適量
塩、黒こしょう（粗挽き）…各少々

作り方

1 スモークサーモンを食べやすい大きさに切る。
2 玉ねぎを薄切りにする。
3 器に玉ねぎ、ベビーリーフをしき、スモークサーモンをのせる。
4 3に塩と黒こしょうをふり、バジルドレッシングをかける。
5 4に粒こしょう、ディル、イタリアンパセリなどを飾る。

memo
お好みで、ブラックオリーブを添えるのもおすすめです。

ホタテ貝の春サラダ

私が生まれ育った町は、北海道の南部にある人口3万6千人の伊達市というところです。小さな海ぞいの町で、子供の頃から、漁師さんから“おすそわけ”をいただいていました。家庭菜園で作った野菜と、漁師さんがくれた海の幸が食卓に並ぶ日が多かったと記憶しています。今でも時々、故郷からホタテの稚貝が送られてくるので、新鮮な素材の味を活かしていただきます。ゴロッとしたホタテの食感がたまらない、我が家のごちそうサラダです。

材料（2人分）

ブロッコリー…½株
ベビーホタテ（生食用）…80g
ミニトマト…4個
ガーリックレモン醤油ドレッシング（P183参照）…適量

作り方

1. ブロッコリーは小房にわけ、柔らかくなるまで塩（分量外）を入れてゆでる。
2. 冷ましたブロッコリーと、4等分に切ったミニトマト、ベビーホタテをガーリックレモン醤油ドレッシングで和え、皿に盛る。

memo
ガーリックレモン醤油ドレッシングの代わりに、タルタルソースでもOK。

ブロッコリーとエビのタルタルサラダ

野菜が苦手だった子供たちに、なんとか野菜の味を楽しんでもらいたいと思って作ったタルタルサラダ。大好評で「おかわり」の声が聞けるメニューです。タルタルソースは案外かんたんに手作りでき、市販のものより油分も少なくもちろん添加物もありません。まとめて作りおきしておいて、きゅうり、パプリカ、セロリなどのスティック野菜のディップにしたり、サンドイッチのソースにしたりしています。

材料（2人分）

ブロッコリー…½株
エビ…8尾
ゆで卵…2個
塩、黒こしょう…少々
タルタルソース（P179参照）…適量

作り方

1. ブロッコリーを小房に分け、柔らかくなるまで塩（分量外）でゆでる。
2. エビを同様に塩ゆでして、殻をむいておく。
3. ボウルに**1**と**2**を入れ、塩、黒こしょうで和える。
4. **3**を皿に盛りつけ、タルタルソースをかける。

memo

ブロッコリーの代わりにいんげんやスナップエンドウなどを使うのもおすすめ。

パスタで

マカロニベジサラダ

私が子供の頃の我が家の定番サラダといえば、マカロニサラダかポテトサラダでした。どちらも母の十八番の料理でよく食卓に並んでいたのを覚えています。母が作るマカロニサラダは、マカロニのほかに玉ねぎ、ピーマン、りんご、みかん（缶詰）が入るスペシャルなもの。私が作るときは、母のレシピをアレンジして、りんごとみかんは入れずに、代わりに彩りを華やかにしてくれる赤や黄のパプリカを入れています。

材料（2人分）

マカロニ…100g
パプリカ（赤・黄）…各½個
ピーマン…1個
玉ねぎ…½個
A　豆腐マヨネーズ（P177参照）…大さじ3
　　はちみつ…小さじ1

作り方

1 マカロニをお好みの固さにゆでる。
2 玉ねぎは食べやすい大きさに薄くスライスする。
3 パプリカとピーマンは5mm幅に切る。
4 1、2、3とAを混ぜ合わせる。

memo
マカロニ以外の具材は、冷蔵庫にある野菜でOK。でも、玉ねぎは必ず入れて！

ベジシュリンプパスタ

イタリアンシェフである弟の料理からは、日々インスピレーションをもらっています。なかでもエビを豪快に使ったパスタや、ジェノバペーストを使ったパスタが私のお気に入り。それらにヒントを得て作ったのがこの料理です。一見ジェノバペーストに見えますが、バジルの代わりにアボカドをソースに使い、より濃厚でクリーミーに、そして豆腐マヨネーズを使うことでヘルシーに仕上げました。サラダ感覚で食べられるパスタです。

材料（2人分）

パスタ（乾麺）…2人分
アボカド…2個
オリーブオイル…大さじ2
エビ…8尾
ミニトマト…4個
A
- レモン汁…大さじ1
- 豆腐マヨネーズ（P177参照）…大さじ2
- 塩…少々
- 醤油…小さじ2

黒こしょう…適宜

作り方

1. パスタをゆでる。ゆでたパスタは冷やしておく。
2. ボウルに皮をむいて適当な大きさに切ったアボカドを入れ、レモン汁（分量外）をかけフォークでつぶす。Aの調味料を加え味を調える。
3. エビを塩ゆでし、殻をむく。
4. 2に1のパスタと3のエビを入れて和える。皿に盛りつけお好みで黒こしょうをふる。

memo

アボカドの色が変わらないうちに、できたてをいただきましょう。

土門家の定番ポテトサラダ

ベーコンと枝豆の
ポテトサラダ

土門家の定番ポテトサラダ＆ベーコンと枝豆のポテトサラダ

　子供の頃、家の畑からの採れたての野菜が日々の食卓に並んでいました。北海道はじゃがいもの産地、我が家の畑でも男爵とメイクイーンを作っていました。母は、形の崩れにくいメイクイーンは肉じゃがなどの煮物に、ホクホクとした味わいが楽しめる男爵はポテトサラダにと使い分けていたようです。母の作るポテトサラダは、蒸した男爵にきゅうり、ハム、玉ねぎを加えマヨネーズで和えただけのシンプルなものでしたが、このレシピでは“コク”が出るひと手間を加えてあります。また、すべてのポテトサラダのもとになる〈基本のポテト〉にベーコンと枝豆を加えると、彩りも美しく食感も楽しくなり、また別の味が楽しめます。冷蔵庫で３～４日保存できます。

土門家の定番ポテトサラダ

材料（2人分）

基本のポテト
じゃがいも…中4個
バター…30g
牛乳（または豆乳）…200ml
塩…小さじ1
豆腐マヨネーズ（P177参照）…大さじ5

ハム…4枚
きゅうり…½本

作り方

1 じゃがいもは皮をむいて4つに切り、柔らかくなるまでゆでる。ゆであがったら火を止めて鍋のお湯を捨て、水分をとばしてよく潰す。
2 1に牛乳を少しだけ入れて木べらで混ぜ、ふたたび火をつけて弱火にし、少しずつ牛乳を加えて滑らかになるまでよく混ぜる。
3 2にバターを入れて5分ほど焦がさないように混ぜ合わせる。滑らかになったら火を止めて、塩を入れて味を調える。
4 粗熱の取れた3に豆腐マヨネーズを入れ混ぜる。基本のポテトが完成。
5 4に、細切りにしたハム、薄切りにしたきゅうりを混ぜて、皿に盛りつける。

ベーコンと枝豆のポテトサラダ

材料（2人分）

基本のポテト…2人分
ベーコン…4枚
枝豆…50g
黒こしょう（粗挽き）…少々

作り方

1 ベーコンを食べやすい大きさに細切りにする。
2 枝豆をゆでる。
3 基本のポテトに1と2と黒こしょうを混ぜ合わせる。

トマトポテトサラダ

P 63の〈基本のポテト〉に、4等分したミニトマトを加えたアレンジサラダ。それだけでポテトサラダの固定観念を変えるひと皿が完成します。ミニトマトのみずみずしさと、じゃがいものホクホク感。一見ミスマッチかもと思うかもしれませんが、一度食べたらやみつきになる味です。バジルを加えオリーブオイルを少々たらしていただくと、ワインにも合う大人の味に。ミニトマトがつぶれないように、やさしく和えてください。

材料（2人分）

基本のポテト（P63参照）
…2人分
ミニトマト…8個程度

作り方

1 ミニトマトを4等分に切る。
2 基本のポテトに1を混ぜ合わせる。

memo

普通のトマトだと水っぽくなるので、必ずミニトマトを使ってください。

シュリンプポテトサラダ

おいしい野菜は、あまりいじくりまわさないで素直に食べるほうがおいしい。それが私の料理の基本の考えですから、アレンジもできるだけシンプルにしています。このサラダもP 63の〈基本のポテト〉に、ゆでたエビを加えたアレンジサラダです。〈基本のポテト〉はいつも多めに作り、冷蔵庫のストック食材を使って手早く簡単にアレンジして、違った味を楽しみます。エビだけでもおいしいですが、このサラダに玉ねぎの薄切り、もしくはみじん切りを加え、冷蔵庫で数時間寝かせると風味がぐんと増します。

材料（2人分）

基本のポテト（P63参照）
…2人分
マヨネーズ…大さじ3
エビ…10尾
パセリ（みじん切り）
…適宜

作り方

1 エビを塩ゆでして、殻をむいておく。
2 基本のポテトに1のエビを加え、和える。

memo
お好みで、仕上げにパセリのみじん切りを散らすと、彩りも鮮やかになります。

かぼちゃとさつまいものサラダ

かぼちゃとベーコンのサラダ

かぼちゃとさつまいものサラダ＆かぼちゃとベーコンのサラダ

北海道の冬は長く雪も多いので、冬になるとどの家庭でも、いも類やかぼちゃなどを蓄えておきます。

我が家でもかぼちゃの収穫の時期の秋から冬にかけて、週に一度のペースでいろいろなかぼちゃ料理が食卓に並び始めます。かぼちゃとさつまいものサラダ、かぼちゃとベーコンのサラダは、どちらも子供たちに大好評。自然のうまみを上手に活かした食物繊維たっぷりの“野菜料理”です。簡単にできて保存もできるので、お弁当のおかずとしても重宝しています。冷蔵庫で１週間ほど保存できます。

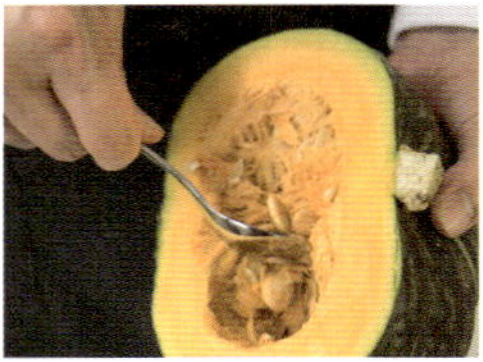

かぼちゃとさつまいものサラダ

材料（2人分）

かぼちゃ…¼個
さつまいも…½本
マヨネーズ…大さじ5

作り方

1 かぼちゃとさつまいもをサイコロ状に切ってゆでる。
2 かぼちゃとさつまいもが柔らかくなったらざるにあげ、温かいうちに分量のマヨネーズで和える。
3 いったん冷やしてから皿に盛りつける。

かぼちゃとベーコンのサラダ

材料（2人分）

かぼちゃ…¼個
きゅうり…¼本
ベーコン…2枚
マヨネーズ…大さじ1
牛乳…大さじ½
塩、黒こしょう（粗挽き）…各適量
砂糖…大さじ½

作り方

1 かぼちゃをひと口大に切って竹串が通るくらい柔らかくなるまで蒸し器で蒸す（レンジで温めてもOK）。熱いうちに皮ごと潰して塩、黒こしょう、砂糖を加える。
2 ベーコンを1cmほどに切り、フライパンでカリッとする程度に焼く。
3 きゅうりを輪切りにし、塩を少しふって、水分が出てきたらしっかり水気をきる。
4 1にマヨネーズ、牛乳を加え、滑らかになるまで混ぜる。2、3を加えて和える。

チーズパンプキンサラダ

北海道はチーズの本場。いろいろな種類のナチュラルチーズが作られています。意外と知られていませんが、きちんとした製法で作られたチーズは、正真正銘の発酵食品でありローフードの食材です。以前住んでいた家は十勝のチーズ工場に近くて、そこで教わったのがこのサラダ。かぼちゃとナチュラルチーズのコラボレーションがとてもよい味わいです。加えるチーズは、お好みでＯＫです。

材料（2人分）

かぼちゃ…¼個
ナチュラルチーズ…適量
A
- マヨネーズ、ヨーグルト…各大さじ3
- 塩麹…小さじ1
- 白こしょう…少々
- レーズン、クリームチーズ…各適量

作り方

1. かぼちゃを適当な大きさに切り、蒸し器で蒸す。
2. ナチュラルチーズを小さく切る。
3. ボウルにAの調味料を入れ、よく混ぜる。
4. かぼちゃが冷めたら3のボウルに入れ、2を加えて混ぜる。

memo
モッツァレラ、スモークチーズなど好きなものを加えて楽しんでください。

オクラとなすのカラフルベジサラダ

野菜だけで

Raw オクラとなすのカラフルベジサラダ

以前、我が家で持ちよりパーティーをしたときに、山形出身の友人が持ってきてくれたのが、「出汁（だし）」と呼ばれている山形県の郷土料理。よく冷やした野菜を５ミリ大に切り、オクラやこんぶなど粘り気のある食材と合わせるというもの。それがあまりにおいしくて、さらに自分好みにアレンジして作りました。

暑い季節に冷蔵庫で冷やして、ごはんにかけて食べたり、そうめんのつゆに加えたり……夏バテ防止にもおすすめです。

冷蔵庫で４～５日保存できます。

材料（2人分）

A
- きゅうり、なす…各1本
- オクラ…2本
- パプリカ(赤・黄)…各¼個
- にんじん…¼本
- 大葉…2枚
- みょうが…2個
- れんこん…少々

たれ
醤油…大さじ2
こんぶパウダー…小さじ1

作り方

1 Aの野菜をすべて小さなダイス状に切る。または食べやすい大きさに切る。
2 醤油とこんぶパウダーを混ぜ1の野菜と混ぜ合わせる。

memo
冷蔵庫でひと晩おくと、よりおいしくなります。

Raw にんじんとレーズンのサラダ

アメリカでローフードシェフのライセンスを取得するために勉強していたとき習ったこのサラダは、ローフードを代表する定番中の定番サラダです。にんじんとくるみとレーズンの相性が抜群で、にんじん嫌いの子供たちも喜んで食べます。おいしくて、今まで何度作ったかわからないぐらいです。作りたてをすぐに食べてもＯＫですが、できれば作ってから冷蔵庫で１～２時間以上寝かせてください。時間がたつほどしんなりして、味がなじんでおいしくなるサラダです。

材料（２人分）

にんじん…½本

A
- レーズン…大さじ2
- くるみ（みじん切り）…大さじ1
- グレープシードオイル、レモン汁…各小さじ1
- 塩…小さじ½
- 黒こしょう（粗挽き）…少々

作り方

1. にんじんを3cmくらいの長さの千切りにする。
2. Aをよく混ぜ合わせ、1のにんじんを加えてしっかり和える。

memo

グレープシードオイルがなければオリーブオイルでもOK。

Raw にんじんとズッキーニのフェットチーネサラダ

アメリカのローフードの学校で習った料理の中に、ズッキーニをスライサーで平麺状にスライスして作る料理がありました。野菜を愛するローフーディストたちは「どうやったら野菜をおいしく楽しく食べられるか？」をいつも考えていて、かぶやにんじんなどの野菜をパスタなどを麺に見立てて、料理を作ったりします。その発想がとても新鮮で、大きな刺激を受けてきました。食べごたえがあって大満足のひと皿です。

材料（2人分）

にんじん…½本
ズッキーニ…½本
ゆずの皮…少々
ドレッシング
A
オリーブオイル…大さじ1
塩…小さじ⅓
黒こしょう(粗挽き)…少々
レモン汁…大さじ½

作り方

1 にんじんとズッキーニは、スライサーで平麺状になるようにスライスする。
2 ゆずの皮を千切りにする。
3 Aの材料を混ぜ合わせ、1と2を和える。

memo
平麺状にスライスした野菜の食感を堪能してください。しっとりしたら食べ頃です。

30品目サラダ

デパ地下のお惣菜売り場でも常に人気の多品目サラダ。どうせなら、自分の好きな食材をたっぷり入れて作ろうと思ったのが、このサラダを作るようになったきっかけです。

材料は、私の大好きな豆、冷蔵庫の残り野菜、海藻などなんでもあり。使う食材に決まりはありません。ここではオニオンドレッシングを使いましたが、ドレッシングもお好みでＯＫです！　多めに作って冷蔵庫にストックしておけばいつでも手軽に野菜不足が解消できます。

材料

ベビーリーフ、キャベツ、紫キャベツ、小豆、ひよこ豆、大豆、黒千石、ひじき、玉ねぎ、ブロッコリー、スイートコーン、ほうれん草、オリーブ、ミニトマト、きゅうり、パプリカ（赤・黄）、グリーンリーフ、サニーレタス、アルファルファスプラウト、ひまわりの種、かぼちゃの種、アーモンド、くるみ、その他海藻・葉野菜など…各適量
オニオンドレッシング（P181参照）…適量

作り方

1 豆類、ブロッコリーは塩ゆでする。
2 ひじきは水で戻して食べやすい長さに切る。
3 アーモンドとくるみはみじん切りにする。
4 その他の野菜をお好みの食べやすい大きさに切る。
5 すべての材料をボウルに入れ、オニオンドレッシングで和える。

memo
葉野菜：豆：海藻類を、1：1：1の割合にすると、おいしくできます。

Raw 切干大根のサラダ

意外に思われるかもしれませんが、大根を細く切って天日干しにした切干大根は、１年を通して安定して手に入るローフードの食材です。ましてや北海道のような雪国では、保存食としても貴重な食材のひとつ。札幌でローフードのカフェ・ロハスをオープンしたばかりの頃、日本の伝統的な食とローフードをうまく融合できないかと考えて作ったのがこのサラダ。人気のワンプレートランチのつけ合わせとしても大活躍でした。

材料（２人分）

切干大根…20g
にんじん…¼本
ピーマン…1個
梅ドレッシング(P184参照)…大さじ1

作り方

1. 切干大根は水で戻し、水気をきっておく。
2. にんじんとピーマンは千切りにする。
3. ボウルに1、2を入れ、梅ドレッシングでよく和える。

memo
切干大根は、たっぷりの水で20分くらい戻しましょう。合わせる野菜は、お好みで。

ラーメンサラダ

北海道のごちそうサラダ

そばサラダ

そばサラダ＆ラーメンサラダ

知床産の有機栽培のそば粉を使ったそばに、季節の野菜をトッピングしてそばつゆで和えたそばサラダは、実はカフェ・ロハスで大人気の賄い食でした。

一方、ラーメンサラダは北海道ならではのサラダで、知らない方からは「それは何ですか？」とよく驚かれます（笑）。北海道の居酒屋メニューに必ずといっていいほどあるのですが、ラーメンの麺に野菜をトッピングしてドレッシングをかけたもの。北海道民から長く愛され続けているサラダを家庭で簡単に作れるように考えました。ラーメンの新しい楽しみ方ができる夏にぴったりのサラダです。

そばサラダ

材料（２人分）
そば…２玉
ベビーリーフ…適量
ミニトマト…４個
玉ねぎ…¼個
オリーブオイル…大さじ２
そばつゆ…大さじ４
黒こしょう…少々

作り方
1 ボウルにオリーブオイル、そばつゆ、黒こしょうを入れ混ぜる。
2 玉ねぎを薄くスライスして、ミニトマトを4等分にカットする。
3 そばをゆでて冷水でしめる。1のボウルに入れスライスした玉ねぎを入れて和える。
4 3を器に盛りつけてベビーリーフとミニトマトをトッピングする。

ラーメンサラダ

材料（２人分）
生ラーメン…１玉強
ブロッコリー…４房
玉ねぎ…¼個
鶏ささみ…２本
サニーレタス…２枚
トマト…½個
ゆで卵…１個
おろしにんにく胡麻ドレッシング(P180参照)…適量

作り方
1 ラーメンを表示通りにゆでて、冷水でしめる。
2 玉ねぎを薄くスライスし、トマトは食べやすい大きさに切る。
3 ブロッコリーと鶏のささみをゆで、冷ます。
4 よく水をきったラーメンと、2、3をおろしにんにく胡麻ドレッシングで和える。
5 皿にサニーレタス、ラーメン、野菜、ゆで卵の順番にのせて最後にもう一度ドレッシングをかける。

Column

おいしい野菜の選び方

新鮮な野菜にはあまり手を加えず、自然のおいしさをしっかりといただくのが、私のポリシーです。おいしい野菜を食べたいと思ったら、野菜の選び方にも真剣になります。特に日々の料理で使うじゃがいも、玉ねぎもよく見ると実は鮮度がまったく違います。

北海道ではいろいろな種類のじゃがいもが作られていますが、どの品種にも共通するのは、表面があまりでこぼこしておらず、傷がついていないもの、持ったらずっしりするもの、ふっくらして丸みがあるものがいいでしょう。

玉ねぎは、皮がパリッとよく乾いていて茶色く艶があるもの、硬くて重いもの。新玉ねぎは、白くて手で押してもしっかり硬いものを選んでください。

最後におすすめなのは、「お店の人に聞く」こと。相手は野菜のプロですから、選び方からおいしい食べ方まで教えてくれます。勉強にもなって一石二鳥です。

CHAPTER 3

かんたん便利な

野菜の常備菜

RAW FOOD RECIPES

時間があるときにまとめて作っておけば、日々の料理がもっとラクに。野菜づくしの便利な常備菜はお弁当にも大活躍です。食材が安く手に入ったとき、休日の時間があるときに……常備菜作りはいかがでしょうか。

サワークラウト

洋の常備菜

Raw サワークラウト

アメリカのローフード学校で、一からみっちり作り方を教わったサワークラウト。一見シンプルに見えますが、水分が出てくるまでしっかりと手で上から押してもむのがおいしく作るコツ。生徒全員でキャベツを何度もていねいに手でもんで作ったのが、懐かしい思い出です。

普通のキャベツだけでもＯＫですが、発酵が進むにつれて色が悪くなるので、私は紫キャベツを混ぜて作ります。できれば冷蔵庫で２日ほど寝かせてください。寝かせるほどに発酵が進み、ますますおいしくなります。

材料（2人分）
キャベツ…¼個
紫キャベツ…¼個
塩…小さじ½

作り方

1. キャベツと紫キャベツを、芯の部分を取り除いて千切りにする。
2. 1をボウルに入れ、塩を加えて手でよくもむ。
3. 水気をよくきり、冷蔵庫で2日ほど寝かせる。

保存期間／冷蔵庫で3～4日OK。

memo
キャベツと塩だけで作る発酵食品なので、塩は自然海塩や岩塩がおすすめです。

Raw コールスロー

ローフード発祥の地アメリカのローフードシェフたちは、日本の伝統的な発酵食品の味噌や醤油、海藻などの食材をとてもリスペクトしています。日本人が使わないような独創的な使い方をしていたのも衝撃的でした。白味噌はライトミソと呼ばれ、コールスローに隠し味として使っています。日本人にとっても、懐かしいのにどこか新しい、新鮮さを感じてもらえる味だと思います。

材料（2人分）
キャベツ…3～4枚
パプリカ（赤・黄）…各½個
にんじん…¼本
ピーマン…1個
カシューナッツのシーザードレッシング（P181参照）…大さじ2
白味噌…小さじ1

作り方
1 キャベツは1cm角に切り、パプリカとにんじん、ピーマンは千切りにする。
2 1をボウルに入れ、カシューナッツのシーザードレッシングと白味噌を加え、よく混ぜ合わせる。

保存期間／冷蔵庫で3～4日OK。

memo
味噌は白味噌がベストですが、なければ白味噌以外でも大丈夫。使う量を少し減らしてみてください。

マッシュルームマリネ

北海道の十勝はマッシュルームの産地で、大きくて豊かな風味が特徴です。北海道ならではの秀逸な食材を活かしたヘルシーメニューを作ろうと考案したのが、このマリネ。

P182で紹介する万能マリネドレッシングさえあれば簡単にできて、5日間くらい保存できるので常備菜としても最適。マッシュルームの旬の秋から冬には必ず作るメニューです。

材料（4人分）

マッシュルーム…20個程度
にんにく…1片
パセリ…大さじ2程度
万能マリネドレッシング
(P182参照)…適量

作り方

1 にんにく、パセリをみじん切りにする。
2 マッシュルームは、さっと汚れを拭き取って沸騰したお湯に入れ、1分弱ゆでてざるにあげ、水気をよくきる。
3 1と2をボウルに入れ、万能マリネドレッシングで和えて完成。

保存期間／冷蔵庫で4～5日OK。

memo

マッシュルームの汚れは、
ぬらしたキッチンペーパー
などで拭き取りましょう。

Raw かんたんミニトマトのマリネ

　私が通っていたアメリカのローフード学校のクラスメイトは、ローフードを学ぶために世界中から集まったプロの料理人がほとんどでした。料理法だけでなく、ナイフスキルの授業もあり、野菜を美しく切る方法なども教わりました。手先が器用な日本人のナイフスキルは高く評価され、日本製の包丁を持っているだけでクラスメイトから尊敬されることに驚いたものです。このマリネは、日本に帰ってから考案したメニュー。ミニトマトを縦半分に切ったとき、きれいに種が見えているのが美しい切り方です。

材料（2人分）

ミニトマト…10個
バジルドレッシング（P180参照）…適量

作り方

1 ミニトマトを半分に切る。
2 バジルドレッシングとよく混ぜ合わせる。

保存期間／冷蔵庫で3～4日OK。

memo
万能マリネドレッシングでもおいしくできます。

和の常備菜

なすの肉味噌風ナッツ炒め

子供の頃から家の畑で収穫したなすを使った料理が大好きでした。なすを使った料理の代表ともいえる“なすの肉味噌炒め”を、ベジタリアンの方でも食べられるように、肉を使わず作ろうと考えました。肉の代わりにくるみを使っていますが、その食感と味わいがとても好評です。お弁当のおかずとしても大活躍。毎年、なすの旬がくると作る定番の常備菜です。

材料（2人分）

なす…2本
ピーマン…2個
オリーブオイル…大さじ2
生くるみ…100g
A　味噌、みりん…各大さじ2
　　砂糖、醤油…各大さじ1

作り方

1 なすは大きめに切る。ピーマンは種を除いてひと口大に切る。
2 くるみをみじん切りにする。
3 フライパンにオリーブオイルを入れ、なすとピーマンを少し焼き色がつくまで炒める。
4 3にAの調味料と2のくるみを入れて全体になじむまで炒め合わせる。

保存期間／冷蔵庫で3～4日OK。

memo
くるみがなければ、ピーナツやカシューナッツでもおいしくできます。

おから炒め

私の母は、素材の味を活かしたシンプルな料理が得意でした。手の込んだ料理よりも、どこにでもあるような“家庭料理”をよく作っていて、その味が不思議と一番記憶に残っています。使う調味料もシンプルでした。このような母の料理のポリシーに、私たちきょうだいはかなり影響を受けたと思います。このおから炒めは母の得意料理のひとつで、私にとっては大好きな“おふくろの味”です。

材料（2人分）

生おから…100g
にんじん…¼本
乾燥ひじき…大さじ1
干ししいたけ…2枚
油あげ…1枚
干ししいたけの戻し汁…100ml
A　醤油、みりん、砂糖…各大さじ1

作り方

1. 干ししいたけとひじきは200ml程度の水で戻しておく（しいたけの戻し汁は捨てずにとっておく）。
2. にんじん、しいたけ、油あげを細切りにする。
3. 鍋にサラダ油（分量外）を少し入れて熱し、ひじき、にんじん、しいたけ、油あげを入れて軽く炒める。
4. 3におからを入れて、よくほぐしながら炒める。
5. しいたけの戻し汁、Aの調味料を入れて水分がなくなるまで煮る。
6. お好みの柔らかさになったところで火を止める。

保存期間／冷蔵庫で4～5日OK。

味わいきんぴらごぼう

和食の定番ともいえる「きんぴらごぼう」は、まさに日本人ならではの“サラダ”です。根菜類を甘辛く煮しめるので日もちし、常備菜としてもとても優秀です。共働きで夕食の準備をパパッとすませたい我が家でも大活躍。市販のものより甘さを控えめに、ごぼうの食感にこだわりました。15分くらいで簡単に作れます。

材料（2人分）

ごぼう…½本
にんじん…⅓本
こんにゃく…250g
赤唐辛子…1本
A
　醤油、砂糖…各大さじ2
　みりん、ごま…各大さじ1
　ごま油…小さじ1
白ごま…適量

保存期間／冷蔵庫で1週間OK。

作り方

1 ごぼうを細切りにして水に5分ほどさらす。
2 にんじん、こんにゃくを細切りにし、赤唐辛子を輪切りにする。
3 フライパンにごま油（分量外）をしいて、ごぼう、にんじん、こんにゃくを入れ少しきつね色になるまで炒める。
4 3にAの調味料を入れて、汁気がなくなるまで炒め煮する。
5 器に盛り、白ごまをふる。

memo
4の過程でごぼうが柔らかくならなかったら、水を適量足して炒め煮しましょう。

豆ひじき

　母がよく作ってくれたひじき煮をアレンジしたのが、このレシピです。ポイントはたっぷりの大豆を入れてこしらえること。実は、私は「豆っ食い」。豆なら何でも大好き。滋味深くしみじみとした豆の味わいは野菜と同じくらいパワーを与えてくれます。栄養面でも豆類はたんぱく質が豊富で、豆が入るとその一品の栄養バランスが格段によくなります。ひじき煮には緑鮮やかな枝豆も加えるのが我が家流。一段と食欲をそそります。

材料（2人分）

乾燥芽ひじき…20g程度
大豆の水煮…100g
枝豆…適量
ちくわ…１〜２本
油あげ…１枚
にんじん…½本
A　砂糖、醤油、麺つゆ…各大さじ１
　　みりん…大さじ２
水…100ml

作り方

1 ひじきは水で戻して、水気をきっておく。
2 大豆の水煮の水をきっておく。枝豆は塩ゆでしておく。
3 ちくわ、油あげ、にんじんを細切りにする。
4 鍋にサラダ油（分量外）を入れて熱し、*1*〜*3*を炒める。
5 *4*にAの調味料を入れて、汁気がなくなるまで炒め煮する。

保存期間／冷蔵庫で１週間OK。

五目豆

普段の常備菜としてはもちろんですが、土門家のお正月のおせち料理に欠かせない豆料理が、この五目豆です。作りたてよりも時間をおいて寝かせるほど、少しずつ味が染みておいしくなっていきます。特に肉や魚を食べないローフーディストやベジタリアンにとって、豆は貴重なたんぱく源。大豆は、アミノ酸スコア（食品中のたんぱく質の品質を評価する数値。その数値が100に近いほどたんぱく質の品質がよいとされる）が100の優れた食品ですから、我が家では積極的に摂るようにしています。

材料（4人分）

大豆の水煮…150g程度
こんにゃく…100g
にんじん…½本
干ししいたけ…30g
紫いんげん豆の水煮…50g
A 砂糖、みりん…各大さじ2
　醤油…大さじ1
干ししいたけの戻し汁…100ml
木の芽…適宜

保存期間／冷蔵庫で1週間OK。

作り方

1 干ししいたけを200ml程度の水で戻しておく。戻し汁は捨てずにとっておく。
2 こんにゃく、にんじん、干ししいたけを大豆と同じくらいの大きさのさいの目切りにする。
3 2と大豆と紫いんげん豆の水煮を鍋に入れ、干ししいたけの戻し汁を入れて煮る。
4 鍋のふたをしたまま強火で煮て、沸騰したら弱火で10～15分ほど煮る。最後にふたを取って汁気がなくなるまで煮詰める。
5 器に盛り、お好みで木の芽を飾る。

干し野菜

ドライフルーツ

干し野菜&ドライフルーツ

ローフードを学び始めた頃、アメリカでは、干し野菜やドライフルーツを作る食品乾燥機（ディハイドレーター）を持っている家庭が多いことを知りました。日本では食品乾燥機の販売は一般的ではなかったことはもちろん、そんな機械があることすら知らない人が多い時代でした。この機械を使うと天日干しでは難しい、キウイフルーツやオレンジなどがとてもおいしく仕上がります。干し野菜はサラダにトッピングしたり、ドライフルーツはそのままおやつにしたり、使い道はたくさんあります。天日干しで作るときには、風通しがよく日当たりのいい場所で、カビないように気をつけてください。

Raw 干し野菜

材料

お好みの野菜
かぼちゃ
レンコン
トマト
さつまいも
きゅうり
しめじ
パプリカ等

作り方

1 お好みの野菜を5mmくらいの厚さに切って、ざるにのせ、天気のよい日に天日で干す。

2 水分がなくなってきたら冷蔵庫で保存する。

＊食品乾燥機(ディハイドレーター)を使用すると天候に関係なく、おいしい干し野菜ができます。

保存期間／冷蔵庫で1カ月OK。

Raw ドライフルーツ

材料

お好みの果物
いちご
オレンジ
キウイ
レモン
りんご等

作り方

1 お好みの果物を5mmくらいの厚さに切って、ざるにのせ、天気のよい日に天日で干す。

2 水分がなくなってきたら冷蔵庫で保存する。

＊食品乾燥機(ディハイドレーター)を使用すると天候に関係なく、おいしいドライフルーツができます。

保存期間／冷蔵庫で1カ月OK。

Column

冷蔵庫にストックしている我が家の「常備菜」

我が家の冷蔵庫には、いつも常備菜が数種類ストックしてあります。作りおきできるサラダ類や和のお総菜類、漬けもの類など、その種類はさまざま。

家に帰って冷蔵庫を開ければおいしいお総菜が並んでいる……というのは本当にうれしくていいものです。

四季それぞれの旬の野菜を近所の農家の方からたくさんいただいたときなどは、常備菜作りも楽しくはかどります。まず最初に作るのはマリネやピクルスなどの瓶詰め。

透明の瓶にカラフルで美しい色の野菜を詰めると、見ているだけで楽しく幸せな気持ちになるので、大好きな作業です。これらの瓶詰めは、瓶のふたの部分に麻の布をあしらって、友人にプレゼントしたりホームパーティーに持参したりするととても喜ばれますね。（作り方はP166参照）

味わいきんぴらごぼうやなすの肉味噌風ナッツ炒め、五目豆など和のお総菜は、我が家の定番のおかず。夕食で「あと一品」というときにさっと出したり、子供たちの毎日のお弁当にも大活躍です。

もうひとつ、我が家の常備菜として欠かせないのが、干し野菜やドライフルーツ。野菜や果物の味が濃縮されていて、食感の違いが楽しめます。保存瓶ごと食卓に出しておやつに食べたり、炒め物やサラダなどに加えるのもおすすめです。

北海道ではじめたローフード生活

子供の頃の思い出と食生活

私は北海道の南部、人口3万6千人の伊達市という海沿いの町で生まれ育ちました。父は公務員でしたが、かなり本格的な野菜作りの趣味を持っていました。家庭菜園と呼ぶには畑の規模がとても大きく、収穫した野菜や果物は、市場に出荷するほどで、今思えば、完全に趣味の域を超えていたと思います。

子供の頃は家族じゅうみんなで仕事や学校に行く前の早朝、そして帰宅後の夕方に、農作業を手伝うのがあたり前の毎日。家族

それぞれに役割があり、雑草を抜いたりビニールハウスの開け閉めをしたりするのが、私に与えられた役割でした。

父の野菜作りにはこだわりがあり、そのうちのひとつが〝有機肥料〟で栽培すること。もちろん、そのぶん手間はかかるのですが、そのおかげで食卓に並ぶ野菜はすべて無農薬の自家栽培の野菜だけ。いつも採れたてのみずみずしくておいしい野菜を食べることができたというのは、今考えれば、なんと贅沢な食生活だったのだろうかと思います。そんなふうに育ててくれた親には心から感謝しています。

私は姉と弟の3人きょうだいですが、今は全員、食の仕事をしています。姉は調理師として働き、弟は故郷の伊達市でイタリア料理のレストランを開いています。振り返ってみれば、私たちきょうだいが食の仕事に進んだのは、父と母の影響が大きかったからだと思います。

父は若い頃はスポーツマンで、陸上では国内外の数々のマラソン大会に参加したり、海ではマリンスポーツの指導をしたりしていました。そして父は、健康的な心と体をつくるためには運動だけでなく、食事がとても大事だということを、野菜作りを通して私たちに教えてくれました。

また、父は普段から肉や魚よりも野菜を

好んで食べていて、いつでもパワフルに過ごしていました。そんな父の食生活を子供の頃から見てきたので、〝ローフード〟というライフスタイルを知ったとき、あまり抵抗なくすんなり入っていけたような気がします。

そして、母の作る料理は、旬の野菜のおいしさを活かしたシンプルな料理が多く、素材にあまり手を加えず、使う調味料も決して凝ったものではありませんでした。それでいて、まったく飽きのこない、まさに〝おふくろの味〟です。私たちきょうだいは、母の作る料理がとても好きで、母のこの料理のポリシーをそれぞれ今の仕事にしっかり引き継いでいるのだと思います。

ローフードとの出会い

私がローフードを知ったのは、1冊の本との出会いがきっかけでした。世界的なベストセラーである松田麻美子先生の翻訳書『フィット・フォー・ライフ』（＊）を読み、そこに書かれていた内容に大変興味を持ちました。

その本には、「酵素が生きている生の野菜や果物を食べていれば、自然に体重は落ちて適性体重になる」「カロリー計算の必要はなく、生の野菜や果物ならば、おなか

左から妻、翻訳家松田麻美子先生、私

いっぱい食べても太らないし、酵素の作用で理想の体型になる」と書かれていました。

当時、私は30歳を過ぎていたのですが、今より8kgも重く、なにをしても体重が減らず悩んでいた時期でした。学生時代は硬式野球とスピードスケートをやっていて食事制限をしたことがなかった私は、生まれて初めて太ってしまい、激しい運動をしても、食事を減らしカロリー制限しても体重が落ちないことにかなり悩んでいました。

最初は『フィット・フォー・ライフ』に書かれていることが信じられませんでしたが、まずは試してみることに。一番簡単そうなところからやってみようと、朝食を果物だけにしてみたら、何をしても落ちなかった体重が、あっという間に3週間で3キロも減ったのです。2カ月後にはなんと、7キロも落ちていて、おまけに、体調もかなりよくなっていました。体重が増えてから悩まされていた肩こりなどの持病もずいぶんと軽くなったのです。

消化に負担がかからないローフード中心の食生活は、私の生活を朝型に変えていました。気がつくと私の体は、睡眠時間が短くても、自然にスッキリと朝早く目が覚める体に変わっていました。そして、夜遅くまでしていた仕事は早めに切り上げるようになり、仕事のスタイルも朝を中心としたものになっていきました。太陽が昇ると同時に活動する、朝の時間の気持ちよさを久しぶりに思い出すことにもなりました。

これをきっかけに、「生の食べ物には、人を健康にして幸せにする特別な力がある！」と考えるようになっていったのです。

＊ハーヴィー・ダイアモンド、マリリン・ダイアモンド著　松田麻美子訳『フィット・フォー・ライフ』（グスコー出版 2006年）

ローフードカフェ・ロハスの開店

ローフードとは、酵素が生きている食品

のことを指します（加熱する場合は48℃までで。それ以上の加熱で酵素は破壊されます）。そのローフードで無理なくダイエットに成功して体調も劇的によくなった私は、ローフードのすばらしさを実感し、独学で勉強を重ねていました。当時の日本には、ローフードのレシピ書はほとんどなく、もっと深くまで勉強したいと思ったら、ローフード先進国のアメリカの英語の本を取り寄せて学ぶしかありませんでした。

そんな折、長年勤務していた外資系の食品会社で人事異動があり、東京勤務だった私は北海道に転勤することになりました。36歳のときです。

私も妻も北海道の出身ですから、私たち家族にとっては生まれ育った北海道への転勤は、とても大きな喜びでした。再び大自然に恵まれた北海道で暮らせること、安くておいしいものが簡単に手に入る土地での新しい生活は、本当にワクワクするものでした。

そして、北海道に戻った2年後、私が38歳のときに長年勤めた会社を辞めて独立する決心をしました。私の食生活はもちろんライフスタイルまで変えてくれたローフード。そのローフードを中心とした店、「ローフードカフェ・ロハス」を札幌で、妻と二人でオープンすることにしたのです。

何もかも一から手探りの挑戦で、店は今の場所ではなく、隠れ家のような目立たない場所でひっそりとスタートしました。お客様は私たち夫婦の知り合いや、昔仕事でお世話になった方たちだけ。ご来店してくださったお客様に、妻と二人でローフードを振る舞いながら、食材のこと、北海道のこと、ローフードのこと……いろいろなお話ができるひとときが何よりの喜びでした。ビジネスとして儲けること以上に、健康で幸せでいるために、自分たちが食べたいものを食べられる店を作ることが楽しくてしかたありませんでした。

とはいえローフードの分野は独学で学んだもの。一生の仕事として極めたい、本格的に勉強したいという思いはどんどん強くなり、とうとう私は留学を決意しました。行き先はローフード先進国アメリカのカリフォルニアにある『リビング・ライト・カリナリー・アーツ・インスティテュート』という学校です。

そこでローフードを本格的に学び、ローフードシェフとインストラクターのライセンスを取得することに挑戦しようと思ったのです。

ライセンス取得時のアメリカでの生活

アメリカ・カリフォルニアの『リビング・ライト・カリナリー・アーツ・インスティテュート』という学校には約1カ月で卒業できるコースがあります。正直、期間も短いのだからそんなに厳しくはないだろうと油断していたら、とんでもありませんでした。

毎日毎日、朝8時から夜7時過ぎまで立ちっぱなしでローフードの調理実習。ローフードの歴史や理論などを学ぶ授業もあり、休みは一日もありません。

生徒は約30人。アメリカはもちろん、イギリス、南米、香港、日本など世界中から、しかも意識の高いプロの料理人たちばかりが集まっていました。

生徒は全員、学校の敷地内にある宿舎で寝泊まりし、食事はその日に自分たちが調理実習で作ったローフードを食べるという、まさにローフード100%の生活でした。なかには、途中で挫折して帰国する生徒もいました。

もっとも厳しかったのは卒業試験です。筆記試験のほかに、キッチンスタジオで一人ひとりローフードの調理をプレゼンテー

スムージーが一躍日本でも人気に！

試験に合格してライセンス取得

ローフードの料理教室での様子

ある日のカフェでの風景

ションするという実技試験が一番の難関でした。前日に与えられたレシピをもとに、材料をそろえてその料理を再現する試験です。

テレビの料理番組のように、その料理の作り方が誰にでもわかるように構成し、デモンストレーションしなければいけません。試験の前には大きなプレッシャーを感じていただけに、自分が合格した時は、なにものにも代えがたい大きな喜びに包まれていました。

ローフードシェフのライセンスを取得してから

ローフードシェフのライセンスを取得し帰国した私は、カフェの経営のかたわら、札幌でローフードの料理教室を開催したり、依頼があれば講演のため日本全国どこにでも飛び回る日々になりました。

当時、ローフードという言葉はほとんど知られておらず、ローフードの食事が楽しめる店は、カフェ・ロハスのほかに、東京に1店舗あるだけという時代でした。次第に、日本でもスムージーが注目されるようになり、モデルの方や女優さんたちなどの〝美のプロ〟の方々が肌やダイエットに効果があるからと、こぞって食生活に取り入れるようになりました。

さらに、スムージーをはじめとするローフードが〝キレイになる食事〟として認識され、多くの人たちから注目されるようになっていきました。

カフェ・ロハスも、雑誌やテレビで紹介していただく機会が増え、ありがたいことに、ご来店くださったお客様の口コミでも当店のことが広がっていきました。そのおかげで、今のロハスがあるのだと思っています。

地道に長い年月をかけて取り組んできたことが実になった……お客様でにぎわう店内を見ていると、そんなふうにあたたかい気持ちでいっぱいになります。

日々の食卓とローフード

とはいっても、我が家の食卓は100%ローフードではありません。もちろん、生のものを可能な限り摂るように心がけていますが、野菜の炒め物、蒸し野菜や温野菜や温かなスープ、肉や魚も食卓のメニューに登場します。3人の娘たちはなにせ育ち盛りがゆえに、「唐揚げ」「餃子」が大好き

子供たちも大好きな果物の盛り合わせ

（笑）。ローフードだけでは足りなくなりがちなたんぱく質は、きちんと補うように献立を考えます。

その代わり、朝食にはスムージーや生の果物（これは娘たちも喜んで食べます）で体の中からスッキリリセットして、元気に学校に出かけていきます。

「こうでなければいけない」「こうすべき」という考えよりも、そのときどきでさまざまなおいしいものを食べる。体調と相談しながらバランスを考えて食事を組み立てる。それが、幸せで健康な食生活にとって一番ではないかと考えています。3人の娘たちにも、そのように教えて育ててきたつもり

ですが、きちんと伝わっていることを願っています。

店に来てくださる方からも、ときおり「食べてはいけないものはなんですか？」「ローフード生活のためには、何が正しいでしょうか」という質問をされることがあります。

ですが、私がもっとも重要だと考えているのは、健康で幸せになりたいという思いを持って、無理なく可能な範囲でローフードを取り入れること。

朝の果物やスムージーなど、簡単にできることから挑戦してみて、「自分に合う」「もっとやってみたい」と思ったら、ぜひ本書の「本格ローフードメニュー」にもチャレンジしていただきたいと思います。

「体が元気になる朝ごはん」「疲れがとれる晩ごはん」

先ほど朝食には「スムージー」「果物」と書きましたが。それに加えて生野菜のサラダなどが我が家の朝ごはんの定番です。

娘たちは、妻の手作りのくるみパンやレーズンパン、シリアルに豆乳をかけたものもよく食べたりしています。「朝ごはんはしっかりたくさん食べたほうがいい」と言われることもありますが、私の実感として消化に負担がかかりすぎない朝食を摂ることで、午前中も調子よく過ごせたり、頭もさえるように感じます。

果物や野菜、スムージーを口にするだけで、体の中から気持ちよく目覚めていく感覚はとてもいいものです。その代わり、午後からの仕事にそなえて、お昼は比較的しっかりといただくようにしています。

夜は基本的に20時以降は食べないようにしていますが、何も食べないまま仕事で遅く帰る日も。そんなときには、たとえば湯豆腐や冷や奴などの豆腐類や、豆やひじきなどの常備菜でかんたんな晩ごはんをすませます。夜に果物を食べる方もいらっしゃるかもしれませんが、果物とはいえ〝糖〟が含まれているもの。ダイエット中の人は避けて、より糖質の少ないものを選ぶといいかもしれません。

ローフードならではの食材とお気に入りの調味料

ローフードの代表的な食材にはいろいろありますが、手軽に手に入り常備できるものといったら、生ナッツやドライフルーツです。

生ナッツは、ローデザートに欠かせない食材でもあり、ドレッシングやディップに

も使います。

ドライフルーツは、天日干しで手軽にどなたにも作れる保存食で、ローフーディストが愛する酵素が生きた食材です。

また、アガベネクター（P190参照）や生はちみつなど、酵素が生きていて血糖値を急激にあげない甘味料もローフードに欠かせません。これらの自然な甘味料は、ローデザートの味を引き立てる貴重なもの。疲れているときに、スプーン一杯程度をなめているだけで、体の芯から癒されます。

さらに、私がこだわっている調味料のひとつに、オイル類があります。

昨今、脳の老化を予防する食材として注目されているココナッツオイルもローデザートに欠かせない食材のひとつです。私が気に入っているのはオーガニックかつ非加熱のもの。ココナッツの香りも高く、そのままバターの代わりにパンに塗っていただくこともできます。試しにそのままなめてみてもらうと、「びっくりするほど甘くてフルーティー」「オイルなのにさらっとしていて、とても軽い」と驚かれます。

また、ローカカオパウダー、ローカカオニブ、ローカカオバターなど、ローフードならではの食材にもかなりこだわりを持って、世界中から食材を取り寄せ、その中から厳選したものを使用しています。今、私

さまざまなフレーバーの“エッセンシャルオイル”

が使っているこれらの食材はすべて世界一のクオリティだと自負しています。

そのほかにも、トリュフで香りづけされたオリーブオイルや、さまざまな植物から抽出されたエッセンシャルオイルもとても気に入っています。レモンやバジル、ミント、オレンジ、ライム、ジンジャー、シナモンなど、さまざなフレーバーのエッセンシャルオイルは、ローフード料理の味つけにバリエーションをもたせてくれます。サラダの上から、バジルやレモンのオイルをほんの少し垂らすだけで、味わいの深さがぐっと変わります。誰もが〝料理上手〟になれる魔法のようなアイテムです。選ぶときには調味料も必ず試食・試飲して、自分の舌で選ぶようにしています。

そして、ローフードの主役はなんといっても、新鮮な野菜や果物です。オーガニックの野菜や果物が理想的ですが、〝オーガニックの食材しか食べない〟というのは、やはり現実的に難しいものです。オーガニック以外の野菜や果物を使う際は、自然の素材で作られた溶液を使い、農薬を落としてから使うようにしています。私が使っているものは巻末でご紹介します。

北海道の暮らしについて

私たち一家は、札幌市のなかでも山に近い地域である南区に住んでいます。今も自然が多く残っていて、キツネやタヌキ、リス、シカなどが生息しています。家のまわりを散歩していると、それらの生きものたちと遭遇することもしばしばです。

北海道は日本の中でも春夏秋冬がはっきりしているので、我が家のリビングから見える四季折々の景色は、まるで絵画のようです。便利さでは東京には比ぶべくもないかもしれませんが、この景色を見ながら暮

いつもお世話になっている八百屋さん

らせることが、北海道生活の醍醐味でしょうか。

そして北海道は、日本国内でも食料の自給率が高く、いろいろな食材の宝庫です。あまり知られていないかもしれませんが、農薬や化学肥料を使わずオーガニックにこだわる農家もたくさんあります。

実際に、カフェ・ロハスで使っている食材も北海道の農家の方から直接仕入れています。

さらにすばらしいことに、そうして手間ひまかけて作られた野菜たちは夏から秋にかけて市内のスーパーで簡単に手に入れることができます。しかも、とても安いのが

夏の十勝のにんじん畑

大きな魅力です。私の愛する北海道で、私の愛するローフードの店を続けていられるのも、この野菜や果物があってこそ。

農家の方の愛情と、北海道の大地の豊かさで作られたみずみずしい食材をどうやってみなさんに食べていただくか。それを考えているときが、ローフードシェフとしてもっとも幸せ、もっとも腕がなるときかもしれません。

CHAPTER 4

ことこと煮込んだ
野菜を食べるスープ

RAW FOOD RECIPES

体の芯からほっとして、おなかいっぱいに！　贅沢な野菜のスープを紹介します。夏には冷汁、冬にはシチュー……スープは一年中楽しめるメニューなのです。

スープカレー

スープカレー

スープカレー発祥の地は、北海道。初めて食べる人は、サラサラのスープのようなカレーにとても驚くでしょう。

このレシピ通りにスパイスを混ぜ合わせるだけで、誰にでも本格的なスープカレーが作れます。野菜は可能な限り大きめに。ごろっとした感じが北海道流です。このスープカレーにおすすめなのが、「インカのめざめ」という名前の甘みのあるじゃがいも。いろいろ試しましたが、サラッとしたカレーと、バターのように濃厚なこのじゃがいもがベストマッチです。

材料(2人分)

スープ

A
- カレーパウダー、ドライバジル(生のバジルでもOK)…各大さじ2
- ガラムマサラ…小さじ½
- コリアンダーパウダー、クミン、チリパウダー…各小さじ1

バター…小さじ2
ローリエ…2枚
チキンブイヨンキューブ…1個
トマトケチャップ、オリーブオイル…各大さじ2

B
- りんご(すりおろし)…¼個
- にんにく(すりおろし)…2片
- しょうが (すりおろし)…小さじ1

水…500ml

具材

鶏もも肉…2枚
じゃがいも…小4個
ピーマン、パプリカ(赤・黄)、玉ねぎ…各1個
ゆで卵…2個
にんじん…1本
レンコン…¼本
なす…2本

作り方

スープ

1 鍋にオリーブオイルを入れ、弱火でバターとトマトケチャップを炒める。火を止めてAを入れて混ぜる。
2 1に水を加え、スパイスが溶けたらBとローリエ、チキンブイヨンを加え煮立たせる。

具材

3 鶏もも肉を食べやすい大きさに切る。
4 じゃがいも、ピーマン、パプリカ、レンコン、にんじん、玉ねぎ、なすを食べやすい大きさに切る。
5 フライパンに分量外のオリーブオイルをしいて熱し、鶏肉を表面がカリッとするまでソテーする。4の野菜もソテーする。
6 2のスープに5とゆで卵を加えて煮込む。

memo
具材はお好みで。鶏手羽元、シーフード、ハンバーグなどが入ったスープカレーも人気。

北海道ベジブロス

北海道の大自然の中で育った滋味あふれる野菜たち。店で使った野菜の皮や芯、しっぽなどを捨てるのがもったいなくて、最後までおいしくいただけないかと考えて作ったのがこのベジブロスです。野菜の「ベジタブル」と、だしを意味する「ブロス」が組み合わさってできた言葉が料理名の由来です。鍋いっぱいの野菜くずをことこと煮込んだシンプルな料理ですが、野菜のうまみが凝縮されたスープは絶品です。

材料（10人分）

野菜くず（にんじんのへたや玉ねぎの皮、セロリの葉など）…両手いっぱいになる程度
水…1L
みりん…小さじ1
塩、黒こしょう（粗挽き）…各適量

作り方

1 野菜くずをよく洗う。
2 鍋に水と野菜くずとみりんを入れ、弱火で30分煮る。
3 火を止め、ざるでこす。
4 塩、黒こしょうで味を調える。

memo
セロリを入れると、スープに独特の風味が出て、お店で出されるプロの味になります。

石狩汁

石狩汁は北海道ならではの郷土料理で、鮭がメインの味噌仕立ての汁物です。私が小さい頃からずっと食べ続けてきた料理のひとつで、家庭によって味つけが多少違います。我が家の味つけは味噌のみですが、酒粕を加えたり、牛乳や豆乳を隠し味として加えたりすることも。体の芯から温まり、これ一品だけで野菜・きのこ・魚・豆腐と、栄養がたっぷり。冬には鍋仕立てにして大人数でつつくのが楽しい定番です。

材料（4人分）

いくら…適量
鮭…４切れ程度
塩…適量
大根…200g
にんじん…１本
長ねぎ…１束
ごぼう…１本
焼き豆腐…１丁
こんにゃく…１枚
まいたけ、しめじ、生しいたけ…各適量
こんぶ…15cm角
赤味噌…150g
料理酒…大さじ２
水…1.6L

作り方

1 鮭は食べやすい大きさに切る。
2 大根とにんじんは薄切りにする。長ねぎは斜め切りにする。
3 ごぼうはささがきにして、あく抜きをする。
4 豆腐は食べやすい大きさに切り、こんにゃくは短冊状に切る。きのこ類は食べやすい大きさに切る。
5 鍋に水とこんぶを入れ、煮立ったらこんぶを取り出し、料理酒と味噌を加えて塩で味を調えだしを作る。
6 5に火が通りにくい材料から入れ煮込む。柔らかくなったら火を止める。食べる直前にいくらをのせる。

野菜のクリームチーズ煮

酪農大国・北海道には、本格的なチーズ工房がたくさんあり、なかには本場ヨーロッパの自家製チーズの再現を目指すチーズ職人さんもいらっしゃいます。質のよいチーズが簡単に手に入る土地だからこそ考えついたメニューです。特に冬の寒い時期には、野菜たっぷりの白味噌仕立てのシチューに、クリームチーズを加えていただきます。これを我が家では野菜のクリームチーズ煮と呼んでいて、子供たちが大好きなメニューです。

材料（3～4人分）

白菜…半分
長ねぎ…1本
豆もやし…半袋
豚肉…200g
エリンギ…1袋
豆乳…800ml
こんぶだし…大さじ1
白味噌…大さじ3
クリームチーズ…60g
しめじ…1パック
ブロッコリー…¼株
にんじん…½本

作り方

1 鍋に豆乳、こんぶだしを入れ火にかける。
2 野菜、きのこ類、豚肉をひと口大に切り、1の鍋に入れる。
3 1の鍋に白味噌を溶かし、火がある程度通ったらクリームチーズを溶かす。具材に火が通るまで加熱する。

memo
野菜はなんでもよく合います。チーズの種類もお好みでOK。

じゃが味噌豚汁

みなさんは、“越冬したじゃがいも”のおいしさをご存じですか？　低温で貯蔵することで糖度が増し、しっかりとしたじゃがいもの味がして、そのおいしさは格別です。なかなか市場では手に入らないのですが、知り合いの農家の方から分けていただくことがあります。そんなときに作るのは、具も味つけもシンプルな豚汁。子供の頃、母が家で貯蔵して越冬したメイクイーンがいっぱい入った豚汁を作ってくれたのを懐かしく思い出します。

材料（4人分）

豚もも薄切り肉…100g
じゃがいも…2個
大根…100g
にんじん…½本
こんにゃく…100g
ごぼう…100g
水…800ml
味噌…大さじ4
こんぶだし…小さじ2
小ねぎ…適量

作り方

1 豚肉は食べやすい大きさに切る。
2 じゃがいも、にんじんは半月切りにする。大根はいちょう切りにする。ごぼうは斜め薄切りにする。こんにゃくは短冊切りにする。
3 鍋に水を入れて沸騰させ、豚肉を入れる。煮立ったらあくを取り、2の野菜、こんぶだし、味噌を加えて中火で煮る。

memo
お椀に盛ったら、小口切りにした小ねぎを散らすときれいです。

みょうがと小ねぎの冷汁

ローフードを勉強し始めたばかりの頃にアメリカ人シェフから学んだのが、この冷汁。日本の発酵食品の代表である味噌を使って作る冷汁は、夏にぴったりのメニューです。冷汁にもいろいろな種類があり、鯵（あじ）のすり身を使うもの、貝柱など干物のだしを使うものなど種類はさまざま。今回はこんぶだしを使います。食欲をそそる香味野菜のみょうがや小ねぎの分量は、お好みで。はちみつやアガベネクター（P190参照）をほんの少し加えると、まろやかな風味になります。

材料（2人分）

豚ばら肉…100g
小ねぎ…2本
みょうが…½個
白すりごま…適量
水…2カップ
A　こんぶだし…大さじ1
　　しょうが（すりおろし）小さじ…½
味噌…大さじ2

作り方

1 豚ばら肉をお湯にさっとくぐらせて熱を通し、冷ましておく。
2 小ねぎは、輪切りにして、みょうがは縦に半分に切り、薄切りにする。
3 鍋に水を入れ、味噌を溶かしAを加える。粗熱がとれたら冷蔵庫で冷やしておく。
4 器に1の豚ばら肉、2の小ねぎとみょうがを盛って、3の冷やした汁を注ぎ、すりごまをふりかける。

memo
大葉や三つ葉などの香味野菜も冷汁によく合います。

Column

消化にいい&栄養たっぷりの「酵素玄米」

玄米を発芽させた状態でいただく〝酵素玄米〟は、酵素が生きているリビングフードで、白米やパンの代わりになるローフーディストの主食です。私は玄米にオーガニックの小豆を加えて炊いています。炊飯器で保温したままの状態で約2週間保存が可能で、玄米なのに消化に負担がかからない「万能ごはん」です。ほっくりと炊きあがった小豆の味と、モチッとした食感がクセになります。

季節によっては、10日ほどで食べきったほうがいい場合もあります。必ず自分の目と舌で確認してください。

材料

玄米…6合　小豆…⅓カップ

水…8カップ　塩…小さじ1

作り方

1 玄米を軽くといでおく。

2 1と残りの材料を全部圧力鍋に入れて、泡立て器で7～8分ゆっくりかき混ぜる。

3 圧力鍋を中火にかけ、ふたについているおもりから蒸気が出たら、中火のまま約6分間炊く。

4 次に、弱火にして9分間炊き、火を止めて約30分間おく。

5 炊きあがった玄米を炊飯器に移し、保温の状態で3日間保存すると完成。その間、毎日一回しゃもじでかき混ぜる。保温状態の炊飯器で約2週間保存が可能。

CHAPTER 5

もう一品の
漬けもの・ピクルス

RAW FOOD RECIPES

「あと一品何かほしい」というときに、ささっと出せる味も見た目も大満足の漬けものやピクルス。市販のものとはひと味違った“手作りの味”を楽しんでください。

きゅうりの醤油麹漬け

キャベツの塩麹漬け

きゅうりの醤油麹漬け&キャベツの塩麹漬け

昔ながらの塩麹や醤油麹は、私の大好きなローフードの万能調味料。知人の料理研究家に作り方を教わり、米麹から手作りしています。お気に入りの自然塩や醤油を合わせることで、自分の好みにぴったりのものを作ることができます。

適当な大きさに切ったきゅうりと醤油麹、適当な大きさに切ったキャベツと塩麹をそれぞれ和えて数時間寝かせただけで美味な漬けものに。

そのほかにも、かぶ・なすなどの野菜を漬けるのもおすすめです。

Raw きゅうりの醤油麹漬け

材料（2人分）
きゅうり…4本
醤油麹ドレッシング(P185参照)…大さじ4

作り方
1 きゅうりを3cmくらいの食べやすい大きさに切る。
2 *1*を醤油麹ドレッシングで和えて冷蔵庫でひと晩寝かせる。

保存期間／冷蔵庫で4〜5日OK。

Raw キャベツの塩麹漬け

材料（2人分）
キャベツ…150g
パプリカ(赤)…½個
塩麹ドレッシング(P184参照)…大さじ3
しょうが…少々

作り方
1 キャベツをざく切りにする。
2 パプリカをざく切りにする。
3 しょうがを細切りにする。
4 *1*と*2*と*3*を保存袋に入れ塩麹ドレッシングを入れてよくもむ。
5 冷蔵庫で2時間ほど漬けておく。

保存期間／冷蔵庫で4〜5日OK。

memo
辛いのが好きな人は、唐辛子を一緒に漬けると、ピリ辛の漬けものができます。

カラフルピクルス

昔、東京の広尾にあるメキシコ料理レストランに行ったときのこと。瓶に入ったまま出された宝石のようなピクルスがとても印象的で、後日、私も瓶にカラフルな野菜をいっぱい詰めてピクルスを作ってみました。これをホームパーティーのときにテーブルに出しておいたら、ゲストがとても喜んでくれて、作り方を何度も聞かれました。実は、ピクルスを作るのはとっても簡単！　日本の漬けものよりも手間いらずかもしれません。ぜひお試しください。

材料（作りやすい分量）

にんじん…1本
セロリ…1本
きゅうり…1本
パプリカ(赤・黄)…各1個
ピクルス液
A | 米酢、水…各150ml
A | 砂糖…大さじ5
A | ローリエ…2枚
粒こしょう…適宜

保存期間／冷蔵庫で3週間OK。

作り方

1 すべての野菜をスティック状に縦に細く切る。
2 切った野菜とお好みで粒こしょうを耐熱性の瓶に詰め、熱湯を瓶の口までいっぱいに注ぎ、5分ほどしたらお湯をきる。
3 Aを鍋に入れて沸騰させる。
4 沸騰したピクルス液を**2**の瓶の口までいっぱいに入れてすぐにふたをする。その後冷めたら冷蔵庫に入れて1日寝かせる。

memo
瓶の高さに合わせて、野菜を棒状に切って詰めると、美しい瓶詰めができます。

きのこのオリーブオイル漬け

秋の気配を感じると作りおきしたくなる、香り高い常備菜です。そのまま前菜に、あるいはパスタの具に、野菜と和えて豪華なサラダに……など、用途はいろいろ。忙しいときに重宝する便利な一品です。今回はえのきとエリンギで作りましたが、しいたけやしめじ、マッシュルームなどでもＯＫです。子供用には、マスタードを抜くといいでしょう。マスタードなしでもおいしくできます。

材料（2人分）

えのき…100g
エリンギ…100g
マスタード（粒マスタード）…大さじ1
バジルドレッシング（P180参照）…大さじ3

保存期間／冷蔵庫で4～5日OK。

作り方

1 えのきとエリンギを食べやすい大きさに切る。
2 1を1～2分湯通しして、水をきって冷ます。
3 2をバジルドレッシング、マスタードで和える。

memo
きのこ類は洗うと香りがなくなるので、キッチンペーパーで汚れを拭き取る程度に。

Raw 切干大根とこんぶのハリハリ漬け

ハリハリ漬けとは、干した大根を噛んだときの音から名づけられたといわれています。切干大根の食感を活かして、糸こんぶと千切り野菜を加えたら、醤油としょうがで和えるだけ。とっても簡単に作れるこのハリハリ漬けは、私のオリジナルのローフードメニューです。切干大根は、季節に関係なく手に入れやすいので、お店でも家庭でもよく使う食材。常にストックしてあります。

材料(2人分)

切干大根…20g
糸こんぶ…少々
にんじん…¼本
ピーマン…1個
A　醤油…大さじ1
　　しょうが(すりおろし)…少々

保存期間／冷蔵庫で1週間OK。

作り方

1 切干大根は水で戻し、水気をきってから糸こんぶと混ぜておく。
2 にんじんとピーマンは千切りにする。
3 1、2をボウルに入れ、よく混ぜたAで和える。

memo
水で戻した切干大根と糸こんぶをよくなじませましょう。

Column

「煮る」「蒸す」「ゆでる」は、キレイになれる調理法

温かな汁物や、採れたての野菜を蒸した温野菜。体を芯から温めてくれて、やさしい味でほっと落ち着けるこれらの料理は女性からの人気も高く、私も大好物です。

実はこの「煮る」「蒸す」「ゆでる」という調理法は、健康や美容の面でもとても優れています。近頃の研究では、「食品に含まれるたんぱく質と糖質が加熱されたときにできる物質」が血管や骨の老化を促進したり、肌のシミやシワ、たるみの原因になることがわかってきました。高温で加熱すればするほど増えるので、たとえば、とんかつ、唐揚げ、バーベキューのお肉など、高温で揚げたり焼いたりした動物性食品には特に多く含まれるわけです。一方、煮る、蒸す、ゆでるといった調理法は、水を使うため温度がそこまで上がらず、「老化を早める物質」も少なくなります。

今まで炒め物や揚げ物を週に3～4日食べていたという人は、そのうち2日間だけでも蒸し物や煮物にすることで、肌の調子が上がったり便秘解消につながるかもしれません。自分の体調に合わせて、ぜひ実践してみてください。

CHAPTER 6

料理の幅がぐんと広がる

ディップ・ソース・ドレッシング

RAW FOOD RECIPES

いつもの料理が大変身！　サラダにかけたり、炒め物に使ったり、そのままディップとして食べたり……使い方はいろいろです。

アボカドディップ
豆腐マヨネーズ
ガーリッククリームチーズディップ
サルサソース
生ナッツディップ
タルタルソース

ガーリックレモン醤油ドレッシング
和風ドレッシング
おろしにんにく胡麻ドレッシング
塩麹ドレッシング
醤油麹ドレッシング
バジルドレッシング
梅ドレッシング
カシューナッツのシーザードレッシング
オニオンドレッシング
りんご酢のフレンチドレッシング
万能マリネドレッシング

Raw アボカドディップ

保存期間／冷蔵庫で３日間程度OK。

材料（３～４人分）
アボカド（完熟）…１個
玉ねぎ（みじん切り）…¼個
レモン汁…大さじ２
塩…少々

作り方
1 アボカド、レモン汁、みじん切りにした玉ねぎを入れ、フォークかつぶし器で粒が残る程度に混ぜ合わせる。
2 最後に塩で味を調える。

Raw 生ナッツディップ

保存期間／冷蔵庫で３日間程度OK。

材料（４～５人分）

A	生カシューナッツ（３時間浸水）…½カップ、デーツ（３時間浸水）…２個
B	オリーブオイル…¼カップ、レモン汁…大さじ１、にんにく…１片（すりおろし）、塩・こしょう…各少々
C	玉ねぎ、セロリ、きゅうり、パセリ、パプリカ（すべてみじん切り）…各適量

作り方
1 AとBの材料をフードプロセッサー（ミキサーでも可）で滑らかになるまで混ぜ合わせる。
2 1とCの材料を一緒に混ぜ合わせる。

Raw ガーリッククリームチーズディップ

保存期間／冷蔵庫で１週間程度OK。

材料（4〜5人分）

クリームチーズ…100g

A
- にんにく（すりおろし）…½片
- 黒こしょう（粗挽き）…少々
- 塩…ひとつまみ
- レモン汁…小さじ½

ドライハーブ、パセリ…適宜

作り方

1 常温に戻して柔らかくしておいたクリームチーズにAを加えて混ぜ合わせる。

2 お好みでドライハーブやパセリなどを加える。

豆腐マヨネーズ

保存期間／冷蔵庫で４〜５日間程度OK。

材料（4〜5人分）

キャノーラオイル…80g
マスタード、塩…各10g
酢…20g
絹ごし豆腐…300g
水…120ml
はちみつ…15g
黒こしょう（粗挽き）…適宜

作り方

1 黒こしょう以外のすべての材料を滑らかになるまで混ぜ合わせる。

2 お好みで黒こしょうを加える。

Raw サルサソース

保存期間／冷蔵庫で１週間程度OK。

材料（4～5人分）

完熟トマト…１個（200g）
玉ねぎ（みじん切り）…¼個
A｜ハラペーニョペッパー、にんにく（すりおろし）、塩…各少々

作り方

1 トマトをサイコロ状に切る。
2 1とみじん切りにした玉ねぎ、Aを混ぜ合わせる。

タルタルソース

保存期間／冷蔵庫で３～４日間程度OK。

材料（4～5人分）

ゆで卵…３個
玉ねぎ（みじん切り）…⅓個
きゅうり（みじん切り）…⅓本
豆腐マヨネーズ（P177参照）…適量

作り方

1 ゆで卵を細かくみじん切りにする。
2 ボウルにゆで卵、みじん切りにした玉ねぎ、きゅうりを入れて豆腐マヨネーズと混ぜ合わせる。

Raw バジルドレッシング

保存期間／冷蔵庫で１週間程度OK。

材料（4〜5人分）
オリーブオイル…大さじ4
キャノーラオイル、レモン汁…各大さじ2
にんにく（みじん切り）…1片
バジルの葉（乾燥バジルでもOK）…10g
マスタード…小さじ1
パルメザンチーズ…大さじ2
塩、黒こしょう（粗挽き）…各少々

作り方
1 バジルの葉をみじん切りにする。
2 すべての材料をボウルに入れてよく混ぜ、最後に塩・こしょうで味を調える。

Raw おろしにんにく胡麻ドレッシング

保存期間／冷蔵庫で１週間程度OK。

材料（4〜5人分）
白ごま…15g
玉ねぎ（みじん切り）…¼個
にんじん（みじん切り）…¼本
にんにく（みじん切り）…½片
サラダ油…175ml
酢…50ml
醤油…大さじ2
砂糖…25g

作り方
1 すべての材料をミキサーに入れ、滑らかになるまで撹拌する。

Raw カシューナッツのシーザードレッシング

保存期間／冷蔵庫で1週間程度OK。

材料（4〜5人分）

生カシューナッツ（3時間浸水）…½カップ
レモン汁…大さじ2
塩…小さじ1
水…150ml
にんにく（すりおろし）…1片
オリーブオイル…100ml
黒こしょう（粗挽き）…少々

作り方

1 すべての材料をミキサーに入れ、滑らかになるまで撹拌する。

Raw オニオンドレッシング

保存期間／冷蔵庫で1週間程度OK。

材料（4〜5人分）

玉ねぎ（すりおろし）…½個
醤油…大さじ2と½
レモン汁…大さじ2
オリーブオイル、砂糖…各大さじ1
塩、黒こしょう（粗挽き）…各少々

作り方

1 ボウルにすべての材料を入れ、よく混ぜ合わせる。

りんご酢のフレンチドレッシング

保存期間／冷蔵庫で1週間程度OK。

材料（4〜5人分）

サラダ油…小さじ2と½
りんご酢…小さじ1と½
塩…ふたつまみ
白こしょう…少々
砂糖…小さじ1
マスタード…小さじ½

作り方

1 ボウルにすべての材料を入れ、よく混ぜ合わせる。

万能マリネドレッシング

保存期間／冷蔵庫で1週間程度OK。

材料

オリーブオイル、酢…各大さじ4
砂糖…小さじ4
塩、黒こしょう…各ひとつまみ

作り方

1 ボウルにすべての材料を入れ、よく混ぜ合わせる。

和風ドレッシング

保存期間／冷蔵庫で1週間程度OK。

材料（4～5人分）
醤油、ごま油…各大さじ3
酢、すりごま…各大さじ2
砂糖…小さじ4
みりん…小さじ2

作り方
1 ボウルにすべての材料を入れ、よく混ぜ合わせる。

Raw ガーリックレモン醤油ドレッシング

保存期間／冷蔵庫で1週間程度OK。

材料（4～5人分）
にんにく（すりおろし）…1片
レモン汁…小さじ4
醤油…大さじ2
オリーブオイル…大さじ4
塩、黒こしょう（粗挽き）…各少々

作り方
1 ボウルにすべての材料を入れ、よく混ぜ合わせる。

Raw 梅ドレッシング

保存期間／冷蔵庫で１週間程度OK。

材料（４～５人分）
梅干し…中８個
醤油…大さじ３
みりん…大さじ４
砂糖…小さじ２
こんぶだし…小さじ½

作り方
1 梅干しは種を取り、包丁でていねいに叩く。
2 ボウルに1とすべての材料を入れてよく混ぜ合わせる。

Raw 塩麹ドレッシング

保存期間／冷蔵庫で２～３週間程度OK。

材料（作りやすい分量・600g）
米麹…200g
塩…70g
水…400ml

作り方
1 米麹と塩をボウルに入れ、手でほぐしながらもむように混ぜる。
2 1を別の容器に移し、水を300ml入れて常温で保存する。
3 24時間後、水を吸っていたらさらに100ml程度の水を加え、かき混ぜる。
4 1日1回程度かき混ぜて、約1週間で塩麹が完成。

Raw 醤油麹ドレッシング

保存期間／冷蔵庫で２～３週間程度OK。

材料（作りやすい分量・500g）

米麹…200g
醤油…200g
水…100ml

作り方

1 米麹をボウルに入れ、手でほぐしながらもむように混ぜる。
2 1に醤油と水を加え、よく混ぜる。
3 別の容器に移して常温で保存し、1日1回程度かき混ぜる。約1週間で醤油麹が完成する。

Column

家でかんたん「スプラウティング」

私が開いているローフードカフェ・ロハスでは、店の中でアルファルファなどのスプラウト（植物の新芽）を育て、採れたてのものをお店で出す料理に使っています。スプラウトは食物酵素が最も多く含まれる食品のひとつで、畑や庭がなくても、小さな容器とわずかな栽培スペースで簡単に育てることができます。朝晩1回ずつ種を水で洗うだけで、季節に関係なく作れるのも大きな魅力。

育てるものにもよりますが、アルファルファの種は1日で発芽し1週間で収穫できたりと、短期間ですぐに育ちます。植物は発芽したての新芽の頃が最も栄養価が高く、たんぱく質、ビタミン、ミネラルなどの栄養素が詰まっています。素敵な容器で育てれば、グリーンのインテリアにも。スプラウティング用の専用キットもあるので、それを利用すると、とても簡単に育てられます。

CHAPTER 7

卵・牛乳・砂糖を使わない
ローフードのデザート

少し甘いものが食べたいというとき、休日にゆっくり楽しむティータイムに……ぜひ作ってほしい、本格ロースイーツのレシピ。幸せな時間が待っています。

ローチョコレートタルト

Raw ローチョコレートタルト

オーガニックのローカカオパウダーやローココナッツオイル、ローアガベネクター（アガベという植物からとれる甘味料）など、酵素が活きた生の食材だけを使って作った贅沢なデザート。砂糖や乳製品、卵、小麦粉などは一切使用しない本格的なローフードレシピです。

とはいえ、ひと口食べたときのカカオの香り、ナッツの香ばしさ、絶妙なコクと甘さはスイーツ好きの人も大満足するもの。少し手間はかかりますが、できあがりを想像しながら手を動かす時間は楽しいものです。普通のスイーツとはひと味違った“ロースイーツ”をぜひお楽しみください。

材料（8人分）

クラスト生地(18cmタルト型)
生ヘーゼルナッツ(浸水前)…120g
デーツ(浸水前)…60g

フィリング
生カシューナッツ(浸水前)…140g
水…100ml
ローカカオパウダー…25g
ローココナッツオイル…70g
ローアガベネクター…70g
バニラエクストラクト…小さじ1
塩…少々
カカオニブ(カカオ豆を砕いたもの)…適量

作り方

クラスト生地

1 生ヘーゼルナッツはひと晩、デーツは2時間程度浸水し、水をよくきっておく。
2 1をフードプロセッサー（ミキサーでも可）に入れ、少し粒が残る程度に撹拌する。
3 2をタルト型に移し、平らにしき詰める。

フィリング

4 生カシューナッツをたっぷりの水で2～3時間浸水させ、水をきってミキサーに入れ、ココナッツオイル、アガベネクター、バニラエクストラクト、水を加え滑らかになるまで撹拌する。
5 4にローカカオパウダーと塩を加えて、さらに撹拌する。
6 3のタルト型に5を流し込み、冷凍庫で2～3時間冷やし固める。
7 カカオニブ(お好みのナッツやフルーツでもOK)をトッピングする。

memo
生ナッツを浸水させるのは、眠っている状態から、発芽を促進し生きた状態にするためです。

Raw ローティラミス

ティラミスには通常、コーヒーや乳製品、卵が使われますが、このローティラミスはそれらの食材を使わずに作ります。コーヒーの代わりに使うのは、穀物でできたコーヒー風飲料、乳製品や卵の代わりに使うのは、ローココナッツオイルやニュートリショナルイースト（植物性の粉チーズ風のもの）など。妊婦の方や小さな子供が食べても安心です。本格的なロースイーツを作りたいという人におすすめのレシピです。

材料（8人分）

クラスト生地（15cm丸型）

生ピーカンナッツ…120g（浸水前）
デーツ（浸水前）…60g
穀物コーヒーパウダー（ノンカフェイン）…小さじ1

フィリング

生カシューナッツ…140g（浸水前）
ローアガベネクター…110ml
ココナッツオイル…70g
水…140ml
ニュートリショナルイースト（なくても可）…大さじ2

ローカカオパウダー…適量

作り方

クラスト生地

1 ピーカンナッツをひと晩、デーツを3時間程度浸水し、よく水をきる。
2 ピーカンナッツをフードプロセッサー（ミキサーでも可）で粒が残る程度まで撹拌する。
3 2にデーツと穀物コーヒーパウダーを加え、均等になるまで撹拌する。
4 3を丸型に平らにしき詰める。

フィリング

5 カシューナッツをたっぷりの水に漬けて3時間ほどおき、水をきる。
6 5とその他の材料をすべてミキサーに入れ、滑らかになるまで撹拌する。
7 滑らかになったら4の丸型に流し込み、冷凍庫で3時間程度冷やす。
8 7が固まったら型から取り出し、カカオパウダーをまぶす。

petit
6
bonheur

Raw バナナとショコラのスムージー

厳選したローカカオパウダーとバナナで作ったスムージーは、大人も子供も大好きな“チョコバナナ”のような味です。シナモンを加えると、少し大人の味になります。

甘さはお好みで、はちみつやアガベネクターなどで調整してください。また、スムージーの滑らかさも、水の分量を変えて調整してください。何か甘いものがほしいときや、3時のおやつにパパッと作れるおすすめの“デザートスムージー”です。

材料(2人分)

ローカカオパウダー…50g
バナナ…200g(2本程度)
水…300ml
はちみつ…適宜

作り方

1 バナナは皮をむき、適当な大きさにちぎる。
2 1とローカカオパウダー、水、お好みではちみつをミキサーに入れ、滑らかになるまで撹拌する。

Raw アボカドチョコレートアイス

“アボカドとスイーツ”と聞くと、その組み合わせに驚く人もいるかもしれません。ですが、“森のバター”ともいわれるアボカドはスイーツとの相性もぴったりです。アボカドとローカカオパウダー、メープルシロップを混ぜ合わせて、冷凍庫で固めるだけでできます。アボカドの大きさによって、メープルシロップの分量を調整してお好みの甘さに調えてください。トッピングは、自由に好きなものを飾りましょう。

材料（3個分）

アボカド…1個
ローカカオパウダー…大さじ3
メープルシロップ…大さじ6
バニラエッセンス…少々
塩…少々
水…大さじ2
お好みのナッツ…適宜

作り方

1 皮をむき適当な大きさに切ったアボカドにレモン汁(分量外)をかける。
2 1と残りのすべての材料をフードプロセッサー（ミキサーでも可)に入れて滑らかになるまで混ぜる。
3 2を器に盛りつけてトッピングにお好みのナッツを添えて、冷凍庫で冷やし固める。

memo
完熟したアボカドを使うのが、大事なポイントです。

Column

「3時のおやつ」の楽しみ

我が家では家族全員が大の甘いもの好きなので、3時のおやつは欠かせません。ちょっと小腹がすいたときや甘いものがほしいというとき、いつでも口に入れられるように常備しているのが、生アーモンドにアガベネクターという甘味料をからめたものや、カカオパウダーをまぶしたもの、ピーカンナッツにアガベネクターとパームシュガー（ココナッツシュガー）をからめたものなどです。ひと粒、ふた粒口に入れただけでほっと癒されて、もうひと頑張りしようという気持ちになれます。

また、生ナッツ類とドライフルーツはいつも何種類か瓶に入れて置いておき、休日の午後のティータイムには、家族がそれぞれ食べたいものを自由に選んで、のんびりと穀物コーヒー（カフェインフリーのコーヒー風飲料）やオーガニックのハーブティーと一緒にいただいています。

もうひとつ定番のおやつはカフェでも販売しているデンマーク産の「オーガニックのシリアルバー」です。たまたま知り合いからすすめられたものですが、これが大当たり。気に入って、お店にも置くようになりました。このシリアルバーに使われているナッツやドライフルーツはどれも粒が大きくて、ガリッとした噛みごたえと、存在感抜群のフルーツの甘みで、ひとつ食べただけで大満足の味わいです。昼食代わりにもなる優れものです。

付録

カフェ LOHASの人気ワンプレート

RAW FOOD ONE PLATE

デトックスローフードプレート

カフェ・ロハスで一番人気のプレートが、このデトックスローフードプレートです。生野菜をナッツのペーストで巻いた生ナッツの巻き寿司、生野菜のサラダ、酵素玄米、ローデザート……など、ローフードの代表ともいえる料理を盛り合わせた、ローフードを堪能できるセットです。

ローフードというと、「生野菜だけ」というイメージを持つ人も多いのですが、ローフードの定義は、「酵素が生きている食べ物」。生ナッツの巻き寿司や酵素玄米など、さまざまな料理を楽しんでいただきたいと思い、看板メニューになりました。おなかいっぱい食べても消化に負担がかからず、体の中からデトックスしてくれます。「ダイエットしたいけど、お腹いっぱい食べたい」「初めてローフードを食べてみたい」という方におすすめです。

ロハスセット

十割そばと酵素玄米にローデザートがついたロハスセットも店の看板メニュー。知床産のオーガニックのそば粉のみを使用していて、なかには、店で打っているこの十割そばを食べるために来てくださるお客様も！

そばはヘルシーではありますが、ローフードではありません。ですが、私が目指すところは100％のローフードを実践することではなく、おいしくて体にいいもので喜んでいただくこと。北海道で採れたおいしい食材をもっと知っていただくこと。

かつて自分が食べて感動した、北海道産のそば粉だけを使った、本物の十割そばをみなさんにも食べてほしい、そう思ってこのメニューを加えました。

それ以来、ローフードを実践する方が、そうではないご友人と一緒に来てくださることも多くなり、結果としてローフードに興味を持ってくださる人が増えることになった、思い入れのあるメニューです。

UCC

野菜ボウルセット

大きな野菜サラダがメイン、酵素玄米と穀物コーヒーがついた野菜ボウルセットは、リピーターの多い、夏に人気のセットです。「とにかく野菜をたくさん食べたい」「生野菜だけでなく、温野菜も食べたい」という方におすすめです。この野菜ボウルには、生野菜のほかに、かぼちゃ、さつまいも、じゃがいもなどの温野菜も。じゃがいもはシャドークイーンやレッドムーンなど珍しいこだわりの品種を使っています。

店で手作りしているドレッシングも好評で、この本でレシピを紹介している豆腐マヨネーズで、さっぱりしながらもコクのある味わいに。野菜は北海道産のものや、有機野菜にこだわっています。〝穀物コーヒー〟とは、コーヒー豆ではなく、チコリや大麦などを焙煎して作ったノンカフェインのコーヒーです。胃にやさしく、独特の苦みが楽しめます。

おすすめの食材&道具

ミキサー…ブレンドテック

ブレンドテックのこのミキサーは、操作パネルがデジタルでつまみが一切ないシンプルなデザインが特徴です。指1本で操作できて、手入れも簡単。十分なパワーがありながら、とても軽くて持ち運びが便利。今までに出会った中で、一番のお気に入りです。スムージーも、ディップなどもとても滑らかに仕上がります。

ディハイドレーター（食品乾燥機）…ドライフードエアー

酵素や栄養素が損なわれない48℃以下の低温の空気で、食品を乾燥させることができるのが特徴。温度調整やタイマー設定が可能なので、誰にでも簡単に干し野菜やドライフルーツを作ることができます。その他、ローフードのブレッドなども作れます。ローフードメニューのレパートリーを増やすのに欠かせない調理器具です。

ローフードならではの こだわりの食材と調味料

ローデザート作りに欠かせない食材や調味料は、世界中を探して厳選した私のお気に入りのものばかり。写真左から、ローカカオバター、アガベネクター、ローココナッツオイル、ローカカオパウダー（インドネシア産）、ローカカオニブ、ローカカオパウダー（エクアドル産）。カカオは産地によって風味や香りが違うので使いわけています。カカオニブはカカオ豆を砕いたもので、デザートの飾りなどに使用します。

食品用 残留農薬除去水溶液…SCS

抗菌効果が高いホッキ貝の貝殻を100％使用し、薬品添加や化学処理を一切行っていない製品です。野菜や果物の残留農薬、定着剤、微生物などをしっかりと落としてくれるので、オーガニック以外の野菜を使用する際に長年愛用しています。

商品は、ローフード通販ショップLOHAS http://www.rawfood-lohas.com/で購入できます。（ミキサーとディハイドレーターは、2014年8月頃から販売を開始する予定です）

おわりに

近頃、ローフードをみなさんに知っていただく機会が増えてきました。

そのことをとてもうれしく思っています。

と同時に、一時のブームで終わってしまうことがないように、これからもたくさんの方においしくて体にいいものを食べていただけるように、地道に活動を続けていこうと気持ちを新たにしています。

カフェに来てくださるお客様の「おいしい！」「こんなにみずみずしい野菜を食べられるなんて」という喜びの声を聞いたり、家族の笑顔を見たり。

たくさんの励ましがあって、数々のローフードのメニューが生まれてきました。

人間ですから、毎日完璧においしいものを作って、食卓を整えて……ということは難しいかもしれません。下ごしらえが面倒くさいと感じるときもあるかもしれません。そんなときには、肩の力を抜いてできるところからやっていけばいい。

季節によって味も形も変わる野菜たちを手にしていると、そんな風に自然な気持ちになっていけます。

そしてまた、料理を食べてくれる人たちの笑顔を思い浮かべて、料理の楽しさを思い出せるのです。

本書のレシピがひとつでも、あなたや、あなたのまわりの大切な人を笑顔にするものになったら――。心からそう願っています。

ローフードカフェＬＯＨＡＳシェフ　土門　大幸

撮影　佐々木智治
スタイリング協力　石切山祥子　久保原恵理
編集協力　遠藤励子

本書は、本文庫のために書き下ろされたものです。

野菜《やさい》がごちそうになるビタミンごはん。

著者　土門大幸（どもん・ひろゆき）
発行者　押鐘太陽
発行所　株式会社三笠書房
〒102-0072 東京都千代田区飯田橋3-3-1
電話　03-5226-5734（営業部） 03-5226-5731（編集部）
http://www.mikasashobo.co.jp
印刷　誠宏印刷
製本　宮田製本

 ISBN978-4-8379-6721-7 C0130

王様文庫

「疲れないからだ」のつくり方

寺門琢己

「元気とキレイ」が手に入る超簡単！　46のレシピ。いつもの習慣をちょっと変えるだけで、健康で、スリムな美しいボディが手に入る、究極のアンチエイジング術です。日ごろのちょっとした疲れから、気になる不快な症状まで、この1冊でまとめて解決します！

1日5分！視力がみるみる良くなる本

本部千博

〈特別付録〉1日5分かけるだけ！　視力回復「ブルー・アイグラス」付き！　現役眼科医が考えた即効トレーニングで、視力回復から眼精疲労まで、驚きの効果！　時間もお金もかけずに、自宅で楽しみながら、「目」と「からだ」の〝気持ちいい変化〟を実感できます！

読むだけでねこ背が治って心も体も強くなる！

小池義孝

Amazon家庭医学・健康部門1位！　本当に一瞬で変わると大反響！　時間もお金もトレーニングも不要、自分でカンタンにできる骨格矯正。しかも「体力アップ」「美容にいい」「肩こり・腰痛解消」「歩くのが速くラクになる」など、いいことドッサリ。一生得する知識です。

K30302

王様文庫

365日、おいしい手作り！「魔法のびん詰め」　こてらみや

「混ぜるだけ」の簡単調味料から、ひと手間かけた常備菜まで、六〇種類をこえる、とっておきの保存食レシピが満載！　幅広く使えて、レパートリーがぐんと増えること間違いなし。時間があるときに作っておけば、毎日の料理がもっと楽しく、ラクになります！

眠れないほど面白い『古事記』　由良弥生

意外な展開の連続で目が離せない！「大人の神話集」！　●【天上界vs.地上界】出雲の神々が立てた〝お色気大作戦〟●【恐妻家】嫉妬深い妻から逃れようと〝家出した〟神様 ●【日本版シンデレラ】牛飼いに身をやつした皇子たちの成功物語　……読み始めたらもう、やめられない！

「足もみ」で心も体も超健康になる！　田辺智美

ぐんぐん毒出し、みるみる元気！　イタ気持ちいいが最高に効く！　長生きやダイエットのほか、アトピー、高血圧、糖尿病などの気になる数値の改善にも。手のひらで、「第2の心臓」でもある、ふくらはぎ・足裏をもめば、全身にものすごいエネルギーが満ちあふれます。

K30301